SCHOKOLADE

Die kulinarische Bibliothek
bei Deuticke

Marcia und
Frederic Morton

SCHOKOLADE

Kakao, Praline, Trüffel & Co.

Inhalt

Montezumas goldener Kelch mit Xocoatl

SCHOKOLADE IST GÖTTLICH, wir alle wissen das – göttlich mit »g«, wie geschmackvoll und großartig. Aber Schokolade ist wirklich göttlich – im eigentlichen Sinne des Wortes. Sie kam als Geschenk eines Gottes auf die Erde. Weltliche Herrscher von Gottes Gnaden machten sie zu ihrer ureigensten Sache, ehe sie diese an den Rest der Menschheit weitergaben. Noch heute assoziiert man Luxus, Überfluß und Vergnügen mit ihr. Schokolade ist immer noch etwas ganz Besonderes, ob sie nun in Form einer billigen Tafelschokolade oder als teure Pralinenschachtel mit in Goldpapier gehüllten Naschereien in Erscheinung tritt.

Die Tolteken verwendeten Kakaozweige als religiöse Symbole.

Sie stellt für die Nahrungsmittel das dar, was Samt und Seide für die Kleidung bedeuten: nicht gerade eine Lebensnotwendigkeit, aber etwas unendlich Begehrenswertes. Natürlich gibt es Menschen, die keine Schokolade mögen, es gibt ja auch welche, die etwas gegen weichen Samt und kostbare Seide haben. Für sie ist dieses Buch so wenig geschrieben, wie der Geschmack einer köstlich auf der Zunge zergehenden Schokotrüffel für sie gedacht ist. Aber für alle anderen hat sich das Endprodukt des Kakaobaumes als unwiderstehlich erwiesen.

Kakaobäume wachsen in Mittelamerika seit 4.000 Jahren. Sie sind schön anzusehen mit ihren großen Blättern und bringen Schoten hervor, deren Bohnen sich nach einer entsprechenden Behandlung in Schokolade verwandeln. Aber lange bevor der Mensch den wundervollen Genuß entdeckte, der sich in diesen bohnenartigen Schoten verbarg, hatten Vögel und Affen den Baum gefunden, seine Früchte probiert und waren zu den ersten Schokophilen der Welt geworden. Ihr vergnüglicher Verzehr dieser Delikatesse hat zur Verbreitung der Kakaosamen in ganz Zentralamerika geführt.

Eine lange Zeit dachte bei Schokolade niemand an irgendetwas anderes als an ein Getränk. Die alten Völker Zentralamerikas tranken Schokolade, und die Tolteken schätzten sie so hoch, daß jeder Gläubige einen Kakaozweig als religiöses Symbol erhielt, wenn er Räucherwerk am Altar seiner Götter als Opfer verbrannte. Im alten Nicaragua gaben die Menschen sozusagen ihr Sexualleben hin, um den Schokoladegott versöhnlich zu stimmen. Sie lebten dreizehn Tage vor der Aussaat der neuen Kakaobäume zölibatär, dies sollte den Mondgott dazu bringen, die Ernte zu schützen. Aus den selben Motiven opferten die Itzá in Mexiko ihren Göttinnen der Nahrung und des Wassers einen Gefangenen, nachdem sie ihn zuerst durch Verabreichung einer Schale Trinkschokolade geheiligt hatten. Dann wurde ihm sein Herz, das sich durch den Trank angeblich in eine Kakaoschote verwandelt hatte, als sakrales Opfer herausgerissen.

Vögel und Affen waren die ersten Schokophilen der Welt. Maya-Kultur/Mexiko, um 800 n. Chr.

Hinsichtlich der Menschenopfer übertrafen die Azteken alle anderen Völker - alles zur höheren Ehre ihrer Hauptgottheit, des Sonnengottes Huitzilopochtli, ihres Vorkämpfers im Krieg. Aber sie hatten noch einen anderen Gott, der ihnen ebenso wichtig war, eine wohlwollende Gestalt, die Weisheit und Wissen ausstrahlte. Dieser war es, der ihnen die Schokolade gebracht hatte.

Sein Name war Quetzalcoatl, er war bärtig und weißhäutig und kam aus dem Land des Goldes, wo »die Sonne sich nachts zur Ruhe legt«. Der Sohn eines Gottes und einer Jungfrau war nach Mexiko gekommen, um der Priesterkönig der Menschen zu werden und sie seine Künste zu lehren: die Malerei und die Bearbeitung von Silber, Holz und Federn. Er hatte den Azteken ihren Kalender gegeben und sie gelehrt, Mais zu kultivieren. Außerdem hatte er aus dem Himmel die Kakaosamen mitgebracht. Er zeigte seinem Volk, wie man den Baum kultiviert und wie man Schokolade zubereitet.

Quetzalcoatls Seele war so rein, daß sein ganzes Reich glücklich und wohlhabend war, solange er regierte. Als er aber alt wurde, glaubte er, seine Häßlichkeit würde die Menschen erschrecken. Deshalb beschloß er, sie zu verlassen, obwohl ihn diese Entscheidung traurig stimmte. Er verbrannte seinen Palast mit den Räumen aus Gold, Jade, Türkis, Blutstein, Perlen und Perlmutt. Er vergrub seine Schätze in den mexikanischen Bergen, verwandelte seine Kakaobäume in Mesquite - ein in den Tropen kultiviertes Gewächs, das die mexikanischen Indianer als Maisersatz anpflanzten -, reiste ab, und seine bunten Vögel flogen ihm voraus. Heute heißt ein seltener, prachtvoller Vogel in Mittelamerika Quetzal.

Er wanderte bis an den Ort, wo sich Himmel, Land und Meer vereinen. Von dort segelte er auf einem Floß aus Schlangen zurück ins Goldland, wo er immer noch regiert. Bevor er verschwand, versprach er, zurückzukehren - im Jahre »Eins Schilfrohr«, das jeweils einmal in jedem 52-Jahr-Zyklus des Kalenders vorkommt.

Seither also sind die von einem Gott auf die Erde gebrachten Samen des Kakaobaumes von Affen, Vögeln und Menschen verbreitet worden, insbesondere von Menschen. Die Tolteken, die Itzá und auch die Maya kannten Kakao. Die Maya pflanzten ihn als erste in Yucatán an, nachdem sie ihre eigentliche Heimat in Guatemala verlassen hatten. Das war ungefähr um 600 v. Chr. - die ersten Kakaoplantagen der Geschichte! Die Maya waren das wichtigste Handelsvolk Mittelamerikas. Ihr Reichtum beruhte auf den Kakaoplantagen, die sie überall, wo sie hinkamen, anlegten.

Kakaobäume wurden als so wertvoll betrachtet, daß man ihre Bohnen in der ganzen Region als Zahlungsmittel verwendete. Der Handel wurde mit Bohnen als Wertmaßstab abgewickelt: acht für ein Kaninchen, hundert für einen Sklaven. Die mexikanische Bilderschrift benützte einen Korb mit Kakaobohnen zur Symbolisierung der Zahl 8.000. Wenn die Azteken rivalisierende Völker wie die Maya besiegten, gehörten Säcke voll Kakaobohnen zum geforderten Tribut.

Christoph Kolumbus war der erste Europäer, der auf diese durch Schokolade geprägte Gesellschaft stieß. Auf seiner vierten Reise in die Neue Welt, 1502, probierte er in Nicaragua Kakao, war aber nicht beeindruckt. Sein Mangel an Begeisterung kann vielleicht mit seiner Fixierung auf die Geschmäcker der indischen Gewürze erklärt werden. Aber vielleicht wurde ihm das neue und seltsame Getränk nur nicht auf die richtige Weise kredenzt. Jedenfalls war es ein anderer spanischer Eroberer, nämlich Hernán Cortés, der der Schokolade in einer Umgebung begegnete, die phantastisch genug war, um seine Sinne dafür empfänglich zu machen.

Der Reichtum der Maya beruhte auf Kakaoplantagen. Vera-Cruz-Kultur/Mexiko, 300-900 n. Chr.

1519 waren die Azteken unter Montezuma II. auf dem Zenit ihrer großartigen Zivilisation in Mexiko, und Montezuma war ein »Künstler der Gastronomie«, wie ein französischer Schriftsteller später schrieb. Seine Bankette waren verschwenderische Feste mit kaiserlichem Prunk: Wildbret und andere Jagdbeute, verschiedene Arten schmackhaften Geflügels und exotischer Früchte. Nach dem Essen sangen und tanzten professionelle Unterhalter und amüsierten die Gäste. Zum großen Finale säuberten sich Dienerinnen erst zeremoniell die Hände und brachten dann den geehrten Gästen ein kaltes und schäumendes Getränk, gemischt mit Honig, Gewürzen und Vanille: *xocoatl* - Schokolade. An Montezumas Hof wurde die Schokolade in einer Art Tasse aus Gold oder zumindest in einer goldgefaßten Schildkrötenschale serviert. So war es auch, als Cortés zum ersten Mal Schokolade probierte. Kein Wunder, daß er davon beeindruckt war.

Die Azteken fügten der Schokolade Piment und Pfeffer hinzu.

Das Jahr 1519 fiel zufällig mit dem Jahr »Eins Schilfrohr« auf dem Aztekenkalender zusammen - das Jahr, das Quetzalcoatl für seine Wiederkehr angegeben hatte. Die Azteken hatten gewartet, wie sie alle 52 Jahre gewartet hatten, in der Hoffnung, diesmal möge es sich als das vorhergesagte Jahr der Wiederkehr erweisen. Als Cortés und seine Truppen auftauchten, weißhäutig und bärtig wie in den alten Chroniken beschrieben, und zur aztekischen Hauptstadt Tenochtitlán marschierten, schienen sie die lebendige Erfüllung der Prophezeiung des Quetzalcoatl zu sein. Er war zurückgekommen! Das Volk frohlockte, und Montezuma bereitete dem Gott mit einem großen Bankett, dessen Höhepunkt Kelche voll *xocoatl* - tschokolatl gesprochen - waren, einen gebührenden Empfang. Die Enttäuschung muß groß gewesen sein, als der angebliche Quetzalcoatl - er, der seinem Volk die Schokolade gegeben hatte - diese nie zuvor getrunken zu haben schien.

Natürlich war *xocoatl* nicht die wohlschmeckende Schokolade, zu der sie eines Tages werden sollte. Pure Schokolade direkt von der Bohne, nicht mit Zucker verbessert, ist bestenfalls ein kraftvoller, bitterer Schock für den Gaumen. Diese frühen Kakaobohnen waren nicht so wohlschmeckend wie jene, die die Wissenschaft der Agrikultur später entwickeln sollte. Die mittelamerikanischen Völker verwendeten ihre Bohnen, um ein vermutlich eher bitteres, pfefferiges Getränk zu brauen.

Am meisten dürfte Cortés nicht der Geschmack, sondern das mystische Flair des seltsamen Getränks beeindruckt haben. Die Azteken hielten es für berauschend, was wohl zum Teil seine Berechtigung hatte. Schokolade wirkt zwar nicht wirklich berauschend, aber aufgrund ihres leichten Koffeingehaltes ein wenig stimulierend. Außerdem mischten die Azteken die Schokolade oft mit Wein oder fermentierter Maismaische statt mit Wasser, und wenn sie dieses Gebräu tranken, wurden sie vermutlich »high« davon. Sie taten Piment und Pfeffer in ihre Schokolade, manchmal fügten sie auch Knochenmehl von verstorbenen Vorfahren hinzu und tranken dieses Gemisch als Medizin gegen Ruhr.

Montezuma selbst bevorzugte allem Anschein nach eher Schokolade mit Honig und Gewürzen. Er trank einen goldenen Kelch *xocoatl* auch immer, bevor er seinen Harem betrat. Ein Teil der geheimnisvollen Aura der Schokolade war schon damals darin begründet, daß man ihr aphrodisische Kräfte nachsagte. Außerdem hieß es, das Getränk gebe gewöhnlichen Sterblichen etwas von Quetzalcoatls Weisheit. Schließlich sagte man - und das war vielleicht für die kriegerischen Azteken, die sich ein Imperium zusammenraubten, das Wichtigste -, Schokolade verleihe Schlag-

kraft und Stärke, so daß sie vorzugsweise für Befehlshaber und Soldaten reserviert wurde.
In Montezumas herrschaftlichem Haushalt trank man 2.000 Krüge pro Tag, aber nicht alle aus goldenen Kelchen wie der Herrscher selbst. Dieser leistete sich auch hin und wieder den Luxus, einen eben geleerten goldenen Kelch in den See vor seinem Palast zu werfen. Noch Jahre später, als das aztekische Imperium längst der Vergangenheit angehörte, brachten Taucher goldene Kelche aus dieser nassen Schatzkammer herauf. Wie später Nero im Alten Rom, schickte Montezuma Läufer in die Berge, die ihm frischen Schnee zu seiner Erquickung brachten. Aber die Römer hatten nur aromatisierten Sirup, um ihn über den Schnee zu gießen. Montezuma verwendete seine *xocoatl* dazu und erfrischte sich so am ersten Schokoladeeis.
»Der göttliche Trank«, so schrieb Cortés in einem Brief an seinen König, Karl I. von Spanien, über Schokolade, »erzeugt Kraft und bekämpft Müdigkeit. Eine Tasse dieses wertvollen Getränks ermöglicht es einem Mann, einen Tag lang ohne Verpflegung zu marschieren.« Das war eine Einschätzung der Schokolade, die in Europa Jahrhunderte überdauern sollte. Luxus und Mystik beeindruckten Cortés. Er schätzte aber auch noch etwas anderes: die Verwendung von Kakaobohnen als Währung. Für seinen König Karl I. pflanzte er eine eigene Kakaoplantage an, um den spanischen Staatsschatz zu vergrößern. Und er nahm Bohnen zur Aussaat mit, als er nach Haiti, Trinidad und Fernando Po, eine Insel an Afrikas Westküste, segelte.

Hernán Cortés war der erste, der Schokolade nach Europa brachte.

Aber zuvor setzte er seine Eroberungsmärsche durch Mexiko fort. Das Erscheinen Hernán Cortés' war nicht die Wiederkunft Quetzalcoatls, des wohlwollenden Gottes. Er war ein Konquistador, und er brachte den Azteken nicht Weisheit und Künste, sondern zerstörte ihre Zivilisation und verwandelte ihr Imperium in eine spanische Kolonie. Heinrich Heine schrieb einen zornigen Vers darüber:

Nur ein Räuberhauptmann war er,
Der ins Buch des Ruhmes einschrieb
Mit der eignen frechen Faust
Seinen frechen Namen: Cortéz.

Ein Jahr nachdem Montezuma in Mexiko den spanischen Gast mit einem Bankett willkommen geheißen hatte, das auch eines Gottes würdig gewesen wäre, revanchierte sich Cortés mit einem Verrat, dessen Echo durch die Jahrhunderte hallte. Er inhaftierte den heidnischen Regenten und beanspruchte dessen Reich für seinen christlichen Monarchen. Fast ein halbes Jahrtausend später hat der amerikanische Autor Donald Barthelme den Vorgang in einer Kurzgeschichte mit dem Titel »Cortés und Montezuma« dargestellt.

Montezumas bleibender Beitrag zur Weltkultur war die Schokolade.

Cortés schläft neben seiner aztekischen Mätresse »in dem Palast, den Montezuma ihm zur Verfügung gestellt hat. Cortés erwacht; sie trinken eine Tasse Schokolade.« Cortés bricht auf, um Montezuma zu treffen. Sie werden Freunde und unterhalten sich ausführlich über Politik und Religion. Am Ende nimmt Cortés Montezuma »in möglichst freundschaftlicher Art« gefangen und sagt zu ihm, gar nicht einmal scheinheilig gemeint: »Unser Herr Jesus Christus liebt dich.« Barthelme läßt Montezuma mit unbewegter Miene antworten: »Ich werde ihm Schokolade schicken.«

In der historischen Realität ließ Cortés den Herrscher in Eisen schließen. Als die Azteken wegen dieser Blasphemie rebellierten, befahl Cortés dem gefangenen Regenten, die Menschenmenge von der Gefängnismauer aus zu beruhigen. Als dieser zu seinen Untertanen sprach, warfen sie Lanzen und Steine nach ihrem gedemütigten Oberhaupt. Er wurde getötet – ob von seinen aufgebrachten Landsleuten oder von den Spaniern, blieb ungeklärt.

Montezuma starb in Schande. Sein bleibender Beitrag zur Weltkultur war Schokolade.

Ein Jahr später wurde sein Nachfolger durch Cortés' Truppen getötet. 1523 traf ein königlicher Gouverneur aus Spanien ein, der erste in einer Reihe von Statthaltern, die Mexiko 300 Jahre lang als spanischen Besitz regieren sollten.

Der Göttertrank erobert Europa

Als Cortés 1528 seine Eroberungsmission abgeschlossen hatte, segelte er mit einer Schiffsladung von Geschenken aus der Neuen Welt nach Hause. Zu den wichtigsten Gaben zählten die Kakaobohnen, aber auch das Wissen um die Erntetechniken brachte er mit. Die Spanier nannten den Baum nach dem aztekischen *cacahuatl* jetzt *cacao* und das Getränk *chocolate,* nach dem mayanisch-aztekischen *xocoatl.*

Cortés hatte beobachtet, wie die Schoten von den Bäumen gepflückt wurden; wie die Bohnen herausgenommen und in der Sonne zur Fermentation und Trocknung ausgebreitet und wie schließlich die getrockneten Bohnen über einem Feuer erst geröstet und dann in einem Steintrog zwischen Steinrollen gemahlen wurden, was eine aromatische Paste ergab, die man mit Wasser zu einem Getränk vermischte. Cortés brachte sogar die aztekischen Utensilien zur Schokoladezubereitung mit, um sie dem spanischen König zu zeigen.

Ein Chinese, ein Araber und ein Azteke symbolisieren auf diesem Bild aus dem 17. Jh. Tee, Kaffee und Schokolade.

Karl I. war von dem neuen Geschmack durchaus fasziniert, aber ihm schien, ein wenig Zuckerzusatz könnte nicht schaden. Glücklicherweise kannte man in Europa schon das aus dem Orient importierte Zuckerrohr. Es war immer noch sehr teuer, aber das war die Schokolade auch, die aus einem ebenso weit entfernten Land herbeigeschafft wurde. Die beiden Substanzen waren natürliche Partner, aus denen ein seltenes und kostspieliges Getränk entstand, das die Mitglieder des spanischen Königshauses und die Adeligen einfach verehrungswürdig fanden.

Manchmal wurde die Kakaopaste à la Montezuma statt mit Zucker mit Honig und Gewürzen vermischt, ein anderes Mal setzte man Orangen- oder Rosenwasser zu, ebenso Zimt, Vanille, Mandeln, Pistazien, Moschus, Muskat, Nelken, Piment oder Anis. Immer aber wurde der Trank kalt serviert - dick genug, daß der Löffel darin steckenblieb -, und mittels eines Werkzeugs schaumig geschlagen, das man den Azteken abgeschaut hatte - ein hölzerner Stab mit einigen losen, konzentrischen Scheiben am Ende. Die Spanier nannten es *molinet,* möglicherweise von dem Wort *moler* (= schlagen) abgeleitet; in Lateinamerika ist das spezielle Gerät bis heute im Gebrauch. Nachdem es eines Tages einem Spanier eingefallen war, den Genuß der Schokolade zu erhöhen, indem er sie erhitzte und aus einer Kanne servierte, behielt man das *molinet* bei. Eine Schokoladekanne unterschied sich kaum von einer Kaffeekanne, außer daß sich gewöhnlich ein kleines Loch im Deckel befand, durch das man den Rührstab stecken konnte.

Zu jener Zeit wurde Schokolade in Spanien in erster Linie von Mönchen zubereitet. Klosterküchen hatten eine lange Tradition im Entwickeln köstlicher neuer Rezepte. Jetzt perfektionierten sie das Rösten und Mahlen der Kakaobohnen und das Formen der Schokolade in kleine Stangen oder Täfelchen, die man in den aristokratischen Salons in heißem Wasser löste. Frisch bereitete Schokolade war eine Paste, die aufgrund der Reibungshitze beim Mahlen nahezu flüssig war. Sie konnte leicht geformt werden und wurde bei Raumtemperatur schnell hart. Die Klosterbrüder wußten bald eine Tasse duftender, dampfender Schokolade zu schätzen.

Klosterbrüder wußten eine Tasse Schokolade überaus zu schätzen.

Kurz darauf war die Schokolade bei allen wohlhabenden Spaniern sehr begehrt. Sie wurde in Erzählungen beschrieben und in Liedern besungen. In einer andalusischen Liebesballade hieß es zum Beispiel: »Wann kommt der Tag, der glückselige Morgen, wenn uns beiden die Schokolade ans Bett serviert wird?« Das ganze 16. Jahrhundert hindurch behielten die Spanier dieses köstliche Geheimnis für sich, da sie keine Lust hatten, die kostbaren Kakaobohnen, die mit großem Aufwand von Mexiko herbeigeschafft werden mußten, mit anderen zu teilen.

Gegen Ende des Jahrhunderts kamen regelmäßig Schiffslieferungen aus der wachsenden Zahl spanisch-mexikanischer Kakaoplantagen nach Spanien. Dabei wurden viele spanische Fregatten von holländischen oder englischen Schiffen überfallen. Die enternden Seeleute nahmen dann alles an sich, was ihnen von Wert erschien, warfen aber die unscheinbaren Kakaobohnen über Bord. Sie hatten keine Ahnung, daß diese in Spanien ein teuer bezahltes Luxusgut waren.

Erst nach und nach sickerte die Kunde von dem neuem Getränk durch. In den ersten Jahrzehnten nach 1600 war der spanische Königshof Trendsetter in Sachen Mode. Reisende kamen nach Madrid, um sich hier höfische Lebensart anzueignen, wozu auch das genußvolle Trinken von Schokolade gehörte. Ein Italiener namens Antonio Carletti nahm den Brauch mit nach Hause, womit Italiens langes und einfallsreiches Verhältnis zur Schokolade begann. Spanische Mönche offerierten sie reisenden Brüdern aus dem Ausland. Matrosen anderer Nationen, die von all dem gehört hatten, warfen nun die Bohnen nicht mehr über Bord, sondern fanden es sinnvoller, sie stattdessen in ihre eigenen Länder zu schmuggeln.

Im Geburtsland der Schokolade, in Mexiko also, hatten die Spanier mittlerweile erfolgreich ihre Kolonialherrschaft etabliert. Auf der noch warmen Asche von Montezumas Hauptstadt Tenochtitlán war Neuspaniens neue Hauptstadt, das heutige Mexico City, erbaut worden. Auf den Ruinen des einstigen Tem-

»La Xocolatada«. Katalanisches Tafelbild aus glasierten Tonziegeln, um 1720.

pels für den aztekischen Sonnengott erhob sich die katholische Kathedrale. In der Kolonie gab es jede Menge weiterer Kirchen, in denen es sich die spanisch-mexikanischen Damen der Gesellschaft zur Angewohnheit machten, Schokolade während der Messe servieren zu lassen. Der Bischof sprach sich gegen solch unpassende Frivolität aus, was bald zur Folge hatte, daß irgend jemand - die beleidigten doñas hatten selbstverständlich keine Ahnung, wer es gewesen sein könnte - Gift in die Morgenschokolade des

Bischofs schüttete. Sein Tod löste unter dem alten mexikanischen Stamm der Itzá tiefe Erschütterung aus, hatten sie doch jahrhundertelang ihre Menschenopfer mittels eines Schokoladetrunks präpariert.

Man begann, über Schokolade zu schreiben. 1609 wurde in Mexiko das erste Buch über das Thema veröffentlicht: *Libro en el cual se trata del chocolate* - Buch über die Zubereitung von Schokolade. 1648 berichtete der Engländer Thomas Gage in *A New Survey of the West Indies*, daß »jedermann, ob arm, ob reich, gerne reine

Im Auftrag Neptuns soll Schokolade nach Europa gebracht werden. Frontispiz eines 1639 erschienenen Buches.

Schokolade ohne Zucker und andere Zusätze« trank. Die Spanier hatten überall Kakaobäume gepflanzt, als sie die Karibik eroberten, so daß Schokolade hier tatsächlich das Getränk der Armen wie der Reichen war.

In Kolumbien ist die nachmittägliche Schokolade bis heute ein nationaler Brauch, der bis in die Kolonialzeit des 15. Jahrhunderts zurückgeht. In Jamaica, das die Spanier regierten, bis es ihnen die Engländer 1655 entrissen, tranken die schwarzen Sklaven auf den Plantagen Schokolade »zur besseren Unterstützung der Naturkräfte bei der harten Arbeit«. Thomas Gage hatte diese Gewohnheit übernommen und trank zum Zeitpunkt des Erscheinens seines Buches schon seit zwölf Jahren täglich fünf Tassen. Dadurch erlangte er eine ausgezeichnete Gesundheit, wie er seinen Lesern versicherte.

Schon 1616 hatten die Spanier eingesehen, daß sie nicht hoffen konnten, ihr Geheimnis länger für sich zu behalten. In diesem Jahr beschlossen sie, sich mit einem großen Coup an die Öffentlichkeit zu wenden. Die Gelegenheit war die Hochzeit der Infantin Anna von Österreich mit dem Nachbarkönig Ludwig XIII. von Frankreich. Anna von Österreich war eine spanische Prinzessin – trotz ihres irreführenden Titels. Sie hatte diesen als älteste Tochter Philips III. geerbt, der König von Spanien war, von Geburt aber ein Habsburger aus dem österreichischen Kaiserhaus. Die vierzehnjährige Braut nahm die spanische Schokolade als großartiges Geschenk für ihren ebenfalls vierzehnjährigen Verlobten mit.

Trotzdem war die Verbindung zunächst weder glücklich noch fruchtbar. Der junge Ludwig bemühte sich nicht, seinen Widerwillen gegen Frauen im allgemeinen und seine kindliche Frau im besonderen zu verbergen. Er berührte sie kaum. Es dauerte 23 Jahre, bis das Paar einen Erben zeugte. Doch dann war Anna schwanger und brachte ein wahres Wunder zur Welt: den Sonnenkönig Ludwig XIV., der in der Pracht seiner Hofhaltung selbst Montezuma übertraf.

Die Schokolade kam bei den Untertanen besser an als die Königin. Der französische Hof nahm das Geschenk der Königin mit Begeisterung auf. Ludwigs großer Mentor, Kardinal Richelieu, führte seine energischen Aktivitäten, in deren Verlauf er die absolute Macht für seinen Monarchen erreichte, auf den Schokoladekonsum zurück. Richelieus Bruder zog ebenfalls Nutzen aus der Schokolade. Er verwendete sie, um »gegen Anfälle von Zorn und schlechter Laune anzukämpfen«. Für die Höflinge war Schokolade ein Symbol des Chics. Als Ludwig XIII. 1643 starb, regierte Anna Frankreich acht Jahre lang, bis ihr Sohn alt genug zur Thronübernahme war. Eine der höchstgeschätzten Einladungen in Paris war die zur »Schokolade bei Ihrer Königlichen Hoheit«.

Für die Schönheiten und Schönlinge am Hof war Schokolade ein Teil von *l'amour*. In einer populären Geschichte wird erzählt, daß sich eine Adelige an ihrem untreuen Liebhaber rächte, indem sie ihm eine Tasse vergifteter Schokolade reichte. Er trank die Tasse leer, wobei er mit gallischer Nonchalance bemerkte: »Meine Liebe, die Schokolade hätte besser geschmeckt, wenn Sie ein bißchen mehr Zucker hineingegeben hätten. Das Gift macht sie bitter. Denken Sie nächstes Mal daran, wenn Sie einem Gentleman Schokolade anbieten.« Dann sank er ihr tot zu Füßen.

Ein Pariser Händler ergriff die Gelegenheit, im Ausland ein lukratives Geschäft aufzuziehen. 1657 reiste er über den Kanal und

Anna von Österreich führte Schokolade in Frankreich ein, als sie Ludwig XIII. heiratete.

eröffnete Londons ersten Schoko-Laden. »Ein excellentes Getränk aus Westindien, genannt Schokolade«, wurde in diesem Juni im *Publick Advertiser* angekündigt. »In Bishopsgate Street, in Queen's Head Alley, im Hause eines Franzosen ... jederzeit frisch zubereitet und zu angemessenen Preisen.« Die Engländer konnten endlich aufhören, den Atem anzuhalten, wozu sie Thomas Gage mit seinen Versprechungen ein Dezennium früher veranlaßt hatte.

Mittlerweile hatte in Paris Ludwig XIV. den Thron bestiegen und war ins heiratsfähige Alter gekommen. Anna hatte die perfekte Braut für ihren Sohn ausgewählt: eine neue spanische Prinzessin, Maria Theresia, die Tochter des neuen spanischen Königs Philip IV., Annas Bruder. 1660 wurden die beiden jungen Leute, Cousin und Cousine, vermählt. Neuerlich kam eine königliche spanische Braut mit einem Verlobungsgeschenk nach Frankreich; diesmal war es eine mit Schokolade gefüllte und reich verzierte Schachtel. Diese zweite iberische Gabe bestätigte die Stellung der Schokolade als Luxusgut in Frankreich. Maria Theresia war eine ergebene Gattin, von der man bei Hof sagte, sie habe zwei Leidenschaften: den König und die Schokolade. Gleich nach der Hochzeit machte Ludwig einen Pariser Händler zum Hoflieferanten »für eine bestimmte Komposition, die man Schokolade nennt«.

Maria Theresia, die spanische Gemahlin Ludwigs XIV., hatte zwei Leidenschaften: den König und die Schokolade.

Im Unterschied zu seinem Vater liebte Ludwig XIV. die Frauen. Er verehrte auch seine strenge spanische Mutter sehr. Zu ihren Lebzeiten, also während der ersten sechs Jahre seiner Ehe, verbarg er respektvoll seine Techtelmechtel. Danach wurde Schokolade, die zweimal als Hochzeitsgeschenk nach Frankreich gekommen war, sozusagen außerehelich. Beispielsweise trank jetzt Madame de Maintenon die Schokolade mit dem Sonnenkönig: sie war zuerst Ludwigs Mätresse, ehe er sie zu seiner morganatischen Gattin machte, als Maria Theresia starb.

Als Spanien seine Prinzessinnen mit Schokolade als Geschenk in die Welt schickte, waren sich die Verantwortlichen über die Folgen anscheinend nicht im klaren. Offenbar verfiel diesem Trank jeder, der ihn probierte. Jedes Land, das davon erfuhr, suchte sich eigene Lieferquellen. Spanien konnte während des 17. Jahrhunderts den Handel kontrollieren. Seine Kolonisten legten Plantagen an, wo immer das Klima geeignet war – in Venezuela, auf den Philippinen. Aber die spanischen Preise und Zölle waren hoch, die Lieferungen limitiert. Andere Länder mit eigenen Besitzungen in der Neuen Welt beschlossen, sich eigene Quellen für den begehrten Trunk zu sichern.

In jenem Jahr 1660, als die Braut Ludwigs XIV. die Nachfrage nach Schokolade in Frankreich verstärkte, wollten die Franzosen nicht länger von den Spaniern abhängig sein und begannen mit der Anpflanzung von Kakaobäumen auf Martinique. Um Portugals Stellung in Brasilien zu schwächen, legten die Franzosen dort seit 1677 Kakaoplantagen an, die ihr Recht auf Anwesenheit bestätigen sollten - und die gleichzeitig dafür sorgten, daß die französische Aristokratie in ausreichendem Maße mit ihrem bevorzugten Getränk beliefert werden konnte.

Die Londoner Schokoladehäuser

Der bekannte englische Arzt Henry Stubbe bezeichnete die Schokolade als »indianischen Nektar«.

SCHON 1662 KONSUMIERTEN DIE OBEREN KLASSEN in Frankreich und in Italien - von Spanien ganz zu schweigen - solche Mengen von Schokolade, daß ihre katholische Frömmigkeit gefährdet schien. War das Getränk denn nicht ein allzu sinnliches Vergnügen für die Fastenzeit? Kardinal Bancaccio aus Rom untersuchte das moralische Dilemma und kam zum Ergebnis: »Liquidum non frangit jejunum« - Flüssigkeiten, folglich auch ein paar Tassen Schokolade, unterbrechen das Fasten nicht.

Damit war die Absolution erteilt. Die Liebhaber der Schokolade konnten ihr Leibgetränk in Frieden zu sich nehmen und sich dabei sicher sein, daß nicht nur ihre Seelen rein blieben, sondern auch der Körper angemessen ernährt wurde. Ein französischer Medizinstudent schrieb eine Doktorarbeit mit dem Titel *Über den gesundheitlichen Nutzen von Schokolade*, während ein berühmter Nervenarzt der damaligen Zeit, Dr. Bachot, seine Zustimmung mit den Worten formulierte: »Dieses Getränk ist bei richtiger Zubereitung eine so noble Süßigkeit, daß man sie mit großer Berechtigung als die wahre Nahrung der Götter bezeichnen kann, mehr noch als Nektar und Ambrosia.«

In England benützte ein anderer bekannter Arzt, nämlich Henry Stubbe, ebenfalls dieses Wort - er sprach vom »Indianischen Nektar« -, blieb aber insgesamt auf dem Boden der Wissenschaft. Er begnügte sich mit dem Hinweis, daß ein Gramm Schokolade mehr Fett und Nährstoffe enthalte als ein Gramm Fleisch, und arbeitete präzise Angaben für Schokolademischungen als Grundlage für Medikamente aus.

Samuel Pepys, der unermüdliche Tagebuchschreiber im London der sechziger Jahre jenes Jahrhunderts, trank zum ersten Mal Schokolade, »um den Magen zu beruhigen«. Offensichtlich schmeckte sie ihm. In seinen Tagebüchern, in denen er mit äußerster Genauigkeit alles, was er zu sich nahm, notierte, vermerkte er von Zeit zu Zeit seine Morgenportion Schokolade. Beispielsweise frühstückte er einmal im Jahre 1664 mit einem Geschäftsfreund, »wobei ich meine gute Morgenschokolade trank und mir meinen Halsbund bekleckerte, worauf ich nach Hause um einen anderen schickte.«

Pepys war auch - wie es damals in seiner Klasse üblich war - ein regelmäßiger Gast in bestimmten Etablissements und mag Dr. Stubbes Urteil gekannt haben, wonach Schokolade »die Lust aus keinem anderen Grunde beeinflußt als dem, daß sie gutes Blut erzeugt«. Oder er kannte James Wadsworths Vierzeiler aus dem Buch *Eine merkwürdige Geschichte über die Natur der Schokolade und ihre Qualität*:

In den noblen Etablissements konnten schicke Leute unschickliche Dinge tun. Aquarell von Thomas Rowlandson, um 1787.

Alte Frauen werden frisch und jung,
Der Fleischeslust verleiht's ganz neuen Schwung,
Es stärkt das Begehr - du weißt schon Bescheid
Der Schokolade scharfe Süßigkeit.

Kein Zweifel: Schokolade, in Madrid und Paris der absolute Chic des Königshofes, bekam in London einen ausgesprochen liederlichen Beigeschmack. Das hatte wahrscheinlich damit zu tun, wie die Schokolade in England eingeführt worden war - nicht exklusiv hinter Palastmauern, sondern zum freien Verkauf in einem Laden. Es paßte dazu, daß Adam Smith die Engländer eine »Nation von Krämern« genannt hatte. Auf jeden Fall war Schokolade in London von Anfang an eine ziemlich öffentliche Angelegenheit.

Gegen Ende des Jahrhunderts entstanden immer mehr Schokoladehäuser, die mit den Kaffeehäusern konkurrierten, welche es seit ungefähr 1650 gab. Die beiden Arten von Lokalen hatten vieles gemeinsam. Beide offerierten neben ihrem besonderen Getränk auch Speisen, außerdem gab es Kartenspiel, Würfeln und andere Unterhaltungen; und natürlich plauderte man unablässig. Es wurde über alles gesprochen, von der Poesie bis zum Tratsch, von der Politik bis zum Geschäft.

Die neuen Schokoladehäuser waren Zentren für das gesellige Leben Londons jener Zeit - wobei die Geselligkeit Männern vorbehalten war. Der Gast trat ein und warf zunächst einen Penny als Bezahlung für den Eintritt und die Zeitungen, die zum Lesen bereitlagen, auf die Theke. Dann zahlte er für die Schokolade - die nicht gerade billig war, weil es die englische Regierung genauso wie die spanische für opportun hielt, sie kräftig zu besteuern - und setzte sich, um sein Getränk mit Genuß zu sich zu nehmen und dabei zu schwatzen.

Viele dieser Stammkunden waren jene geistvollen, sportlichen, jungen Gentlemen, die man im Slang jenes Zeitalters »bloods« nannte. Ihre normale Essenszeit war um drei oder vier am Nachmittag; um sechs zechten und zockten sie in den Schokoladehäusern am Covent Garden oder in der St. James Street. Es kann nicht überraschen, daß die Unterhaltungen manchmal einen stürmischen Verlauf nahmen.

Im Royal Chocolate House, dem üblichen Aufenthaltsort einer wilden Bande von *bloods*, entwickelte sich eines Abends eine Diskussion zu einem Schwertkampf, bei dem drei Beteiligte zu Boden gingen. Mitten in all dem Trubel saß blinzelnd Colonel Cunningham. Dieser hatte zum Glück seinen ergebenen Diener

dabei, der es schaffte, seinen Colonel zwischen blitzenden Schwertern unverletzt aus dem Zimmer zu tragen. Die königliche Garde wurde gerufen. Als deren Aufforderungen und Drohungen die Randalierenden nicht beruhigten, schlugen sie die *bloods* mit den Kolben ihrer Musketen nieder. Quetzalcoatl muß voller Zorn aus dem Goldland auf den Pöbel herabgeblickt haben, der sein *xocoatl* so in Verruf gebracht hatte.

Obwohl die Azteken gedacht hatten, *xocoatl* habe berauschende

Wirkungen, erscheint es tatsächlich eher unwahrscheinlich, daß die *bloods* nur von der Schokolade so entflammt wurden. Vermutlich war ihre Schokolade nicht mit Zucker und Gewürzen, sondern mit Wein oder Spirituosen versetzt, wie es im England des 17. Jahrhunderts üblich war. Aber es ging nicht in allen Schokoladehäusern so rauh zu. Einige von den eher aristokratischen im West End verbannten sogar das Rauchen aus ihren Räumen.

Zwei, nämlich *White's* und der *Cocoa Tree*, wurden schließlich wirklich berühmt. *White's* öffnete 1697 unter dem Besitzer Francis White als Schokoladehaus wie jedes andere. Bis 1709 war es so bekannt geworden, daß Richard Steele in der ersten Ausgabe seiner neuen Zeitschrift *The Tatler* versprach, daß »alle galanten, vergnüglichen und unterhaltenden Ereignisse unter dem Namen von *White's Chocolate House*« erscheinen sollten. Viele der frühen Ausgaben der Zeitung gaben *White's* als Erscheinungsort an, weil Steele dort alle Artikel geschrieben hatte.

Szene aus William Hogarths »A Rake's Progress«, 18. Jh. Angeblich spielt sie im legendären White's.

Nachdem Francis White 1711 gestorben war, führte seine Witwe das Lokal weiter und verbesserte Schritt für Schritt den Ruf dieser Einrichtung. Bald sprach ganz London über die elegante Gesellschaft, die man dort traf. Auch die Wirtin selbst verbesserte ihre gesellschaftliche Stellung. Während sie zuerst die »Witwe White« gewesen war, nannte man sie nun »Mrs. White« und schließlich »Madame White«. Sie hatte soviel Zutrauen zum Ruf ihres Hauses, daß sie mehr Eintritt verlangte als den üblichen Penny, was zur Folge hatte, daß noch mehr Mitglieder der jeunesse dorée durch ihre Türen strömten. Dafür, daß sie im Trend blieb, sorgte auch die Tatsache, daß in Zeitungsanzeigen für die glanzvollsten Londoner Veranstaltungen »Mrs. White's Chocolate House, in St. James Street« als Kartenvorverkaufsstelle genannt wurde – beispielsweise für die Opernaufführungen im Haymarket Theatre. Als der Londoner Produzent der Händel-Opern sein Programm änderte, erinnerte er sich an diese Tatsache. Er war ein Schweizer Emigrant namens John James Heidegger, der als professioneller Veranstalter von Unterhaltungen für die Aristokratie schnell zum Stadtgespräch wurde. Damit seine Karten zu Bällen, Redouten und Maskeraden nur in die richtigen Hände gerieten, verschickte er sie von *White's* aus. Wer nicht kommen wollte, wurde höflichst gebeten, die Karten wieder bei *White's* abzugeben, damit nicht etwa die falschen Leute auf seinen sorgfältig gestylten Galas auftauchten.

»Snobistisch« bedeutete natürlich keineswegs »steif«. Es war vollkommen in Ordnung, wenn die richtigen Leute die falschen Dinge taten, solange das mit Stil geschah. Beispielsweise das Spiel bei *White's*. 1733 war das Lokal so bekannt für das Spiel mit extrem hohen Einsätzen, daß der Zeichner William Hogarth es als allgemein bekanntes Symbol verwenden konnte. In *A Rake's Progress*, seiner moralisierenden Serie von acht satirischen Stichen, die die Freuden und Zerstreuungen eines *blood* beschreiben, verlegte er die Spielerszene zu *White's*.

Das andere berühmte Schokoladehaus, der *Cocoa Tree*, war nie so »in« wie *White's*, hatte aber seine eigenen Qualitäten. Auch hier waren Richard Steele und sein Mitarbeiter Joseph Addison Stammgäste. Auch hier verfaßten die beiden Artikel, diesmal für

den Nachfolger des *Tatlers*, den *Spectator*, der ab 1711 erschien. In einer Ausgabe von 1712 schrieb Addison ironisierend, über einer Tasse Schokolade sitzend, wie man wohl annehmen darf: »Ich möchte meinen geschätzten Lesern auch den guten Rat geben, ganz besonders vorsichtig zu sein mit Liebesromanen, Schokolade und ähnlichem Zündstoff, deren Gebrauch ich für sehr gefährlich halte.« Möglicherweise enthielt das einen mit einem Augenzwinkern vorgebrachten Hinweis auf James Wadsworths zotigen Vierzeiler.

Joseph Addison, Mitarbeiter der Zeitschrift »The Tatler«, warnte seine Leser vor dem Gebrauch von Schokolade.

Kaffee- und Schokoladehäuser zogen oft besondere Gruppen von Besuchern an: die einen die Dichter, die anderen die Politiker. Der *Cocoa Tree* wurde rasch zum Treffpunkt von Politikern, so daß er bald als das »Tory-Schokoladehaus« bezeichnet wurde, und es hieß: »Ein Whig wird den *Cocoa Tree* ebenso wenig aufsuchen, wie man einen Tory in dem Kaffeehaus in der St. James sehen wird.« Im Jahre 1746 hatte sich der *Cocoa Tree* zum halboffiziellen Hauptquartier der Jakobiten-Partei im Parlament entwickelt.

Zu dieser Zeit hatten sich allerdings der *Cocoa Tree*, ebenso wie *White's* und viele andere der führenden Kaffee- und Schokoladehäuser, verändert. Am Anfang waren sie eher informelle Clubs für Stammgäste gewesen, die sich regelmäßig an denselben Tischen trafen. Noch vor der Jahrhundertmitte hatten es aber die besten Häuser nach und nach profitabler gefunden, sich als private Clubs zu organisieren, deren Einkünfte von wohlhabenden Mitgliedern statt vom unvorhersehbaren Zustrom des öffentlichen Publikums stammten. Die Londoner Clubs, während der nächsten Jahrhunderte die soziale Bastion des männlichen Stadtbewohners, entstanden zu einem guten Teil auf der soliden Basis von Schokolade.

Theobroma schwebt nach Amerika

Die Bürger von Amsterdam konnten sich zu Recht als die wahren Eigentümer der Schokolade fühlen.

SCHOKOLADEHÄUSER GAB ES ÜBERALL in Europa, auch wenn es in ihnen nicht immer ganz so lebhaft zuging wie in London. Der Bürgermeister von Zürich probierte seinen ersten Schluck Schokolade bei einem Besuch in einem belgischen Etablissement 1697. Er brachte die Neuigkeit in die Schweiz und verband so mittels Schokolade zwei Länder, die drei Jahrhunderte später führend in der Schokoladeerzeugung sein sollten.

Etwa zur selben Zeit tauchte Schokolade auch in Deutschland auf. Wie üblich verhängte die Regierung bald einen hohen Importzoll. Ebenso üblich war es, daß die Ärzte die Schokolade mit wahren Lobeshymnen begrüßten. Einer der größten deutschen Wissenschaftler, Alexander von Humboldt, beteiligte sich genau hundert Jahre später an dem Diskurs. Nachdem er mehrere Jahre in Zentralamerika unter anderem damit verbracht hatte, die dortige Pflanzenwelt zu studieren, erkärte er: »Die Kakaobohne ist ein Phänomen, denn nirgendwo sonst hat die Natur eine solche Fülle von Nährstoffen auf so wenig Raum konzentriert.«

Während des dazwischenliegenden Jahrhunderts, also noch bevor die Deutschen Humboldts Urteil vernommen hatten, wurde das populäre Getränk in Häusern und auf den Straßen verkauft, bis Friedrich der Große 1747 den Straßenverkauf und insbesondere den »Schokolade!!!«-Ruf verbot. In Holland fand ein Arzt einen beruhigenden Aspekt des außergewöhnlichen Tranks. Er schrieb: »Schokolade schmeckt nicht nur gut, sondern ist auch ein wahrer Balsam für die Mundhöhle, weil sie alle Drüsen und Säfte in guten Zustand bringt. Deshalb hat jeder Schokoladetrinker einen angenehmen Atem.«

Die Bürger von Amsterdam konnten sich zu Recht als die wahren Eigentümer der Schokolade fühlen. Seit Jahrhunderten hatten die Niederländer kriegerische Auseinandersetzungen mit Spanien, die hauptsächlich in der Abwehr der spanischen Herrschaft bestanden. Im Zuge der mehrfachen Besetzung ihres Landes hatten die Holländer etwas vom spanischen Schokoladegeheimnis erfahren, bevor das restliche Europa davon Kenntnis erlangte.

Einige Stücke aus dem großen Frühstücksservice Maria Theresias. Schokoladetasse und -kanne im Vordergrund sind aus chinesischem Porzellan bzw. vergoldetem Kupfer.

Amsterdam, einer der wichtigsten Häfen Europas, setzte seine Schiffe schon im 17. Jahrhundert im Kakaohandel ein. Die holländische Stadt wurde der größte Kakaohafen der Welt und blieb es bis heute. Aus Holland sollten auch eines Tages einige der wichtigsten Erfindungen auf dem Weg zur modernen Schokolade kommen. Und aus Belgien, das während des langen Kampfes mit Spanien ein Teil der Niederlande war, kamen später wahre Wunderschokoladen.

1720 reiste ein Holländer zur französischen Insel Martinique, auf der es mittlerweile seit Dezennien Kakaoplantagen gab. Im Bericht dieses Reisenden heißt es, dort sei »kürzlich ein Ratsmitglied im Alter von über hundert Jahren gestorben. Die letzten dreißig Jahre lebte er von nichts anderem als Schokolade und ein paar Keksen. Gelegentlich aß er auch einen kleinen Teller Suppe, aber niemals Fleisch, Fisch oder ein ähnliches Nahrungsmittel. Und doch war er so gesund, daß er noch im Alter von 85 Jahren sein Pferd besteigen konnte, ohne Steigbügel zu benützen.« Schokolade ermutigte die Menschen zu physischen Höchstleistungen. Der große Liebhaber Casanova fand sie als Liebestrank ebenso geeignet wie Champagner. Er trank aber auch gerne eine Tasse zum Frühstück, wie wir in seinen Memoiren nachlesen können. Seine Landsleute wurden für ihre erstklassige Schokolade berühmt. Meister aus Florenz und Venedig bereisten Europa, um andere in dieser Kunst zu unterrichten.

Wien bekam seine Schokolade 1711 durch intrigante Machenschaften königlicher Politik. Ein paar hundert Jahre lang war Spanien von Mitgliedern des Hauses Habsburg regiert worden. Anna von Österreich und ihre Nichte Maria Theresia, die beiden Prinzessinnen mit der Schokolademitgift, gehörten der spanischen Linie der Habsburger an, die um 1700 ausstarb. Zu ihrer Erneuerung wurde ein österreichischer Habsburgerprinz als König Karl III. von Spanien ausgerufen. Dieser versuchte jahrelang, in Madrid seinem Titel Realität zu verleihen, hatte aber damit wenig Erfolg. Als sein älterer Bruder 1711 starb und der österreichische Thron vakant war, kehrte Karl Spanien reuig den Rücken, um Österreichs Kaiser Karl VI. zu werden. Unter den angenehmeren Erinnerungsstücken, die er nach Wien mitnahm, befand sich auch Schokolade.

Auch der Hof in Wien übernahm schnell das neue Getränk. Als Karls Tochter Maria Theresia ihm auf dem Thron folgte, wußte jedermann, daß ihr Gemahl Kaiser Franz jeden Morgen seine Tasse Schokolade haben mußte, worin ihm alle Höflinge nacheiferten. Maria Theresias Hofpoet schrieb eine »Kantate auf die Schokolade« und begann jeden Tag ... na, womit wohl?

Als ein Reisender aus Berlin einen Wiener Schneider Schokolade trinken sah, meinte er, Wien sei das Zentrum der Genußsüchtigen.

Mit ein paar kleinen Manövern hatte man sich über die österreichische Botschaft in Madrid einen gewissen Einfluß auf die begehrte spanische Schokolade gesichert. Man goß sie schäumend aus Kannen mit dem Loch für das *molinet* im Deckel und trank sie aus chinesischen Porzellantassen in Silberhaltern, zu denen Untertassen aus Schildkrötenpanzern gehörten. Für das kaiserliche Paar waren Halter und Untertasse natürlich aus Gold.

Da Österreich die Schokolade nicht mit allzu hohen Steuern belastete, war das Getränk auch für Nicht-Aristokraten erschwinglich. Ein Reisender aus Berlin - wo die Steuer den häufigen Genuß von Schokolade verhinderte - erzählt in seinen Lebenserinnerungen, wie schockiert er war, als er einen Wiener Schneider Schokolade trinken sah - und zwar erstklassige. Daraus zog er den Schluß, Wien müsse das Zentrum der Genußsüchtigen sein.

1743 wurde der berühmte Schweizer Maler Jean-Etienne Liotard in die österreichische Hauptstadt gerufen, um Maria Theresia und ihre Familie zu porträtieren. Während seines Aufenthaltes in Wien wurde Liotard jeden Morgen von einer Kammerfrau namens Nandl Baldauf geweckt, die ihm seine Frühstücksschokolade brachte. Nandl war hübsch, und irgendetwas an ihrer täglichen kleinen Dienstleistung reizte das Auge des Künstlers. Er bat sie, für ihn genau so zu posieren, wie sie jeden Morgen in sein Zimmer trat. So entstand das Bild *La Belle Chocolatière - Das schöne Schokolademädchen* -, und es wurde das populärste Gemälde im Zusammenhang mit Schokolade.

Nandls Leben erzählt sich wie ein Groschenroman. Fünfundzwanzig Jahre war sie das Licht des Lebens für einen Wiener Adeligen. Zuletzt heiratete er sie und verwandelte die Schokolade-Kammerfrau in die Prinzessin Dietrichstein. Ihr Bildnis wurde nicht nur zu einem Museumsstück, sondern auch das Markenzeichen für Baker's Schokolade in Amerika.

Eine andere Art Unsterblichkeit wurde der Schokolade in Schweden zuteil. In der Mitte des 18. Jahrhunderts machte sich der schwedische Naturforscher Carl von Linné daran, die gesamte Flora zu klassifiezieren, die den europäischen Botanikern damals bekannt war. Dazu ersann er nach eigenem Gutdünken griechische und lateinische Namen. Über den Kakaobaum sagte er: »Die Frucht liefert das Rohprodukt für das köstlichste, gesündeste und nahrhafteste Getränk.« Und er gab dem Kakaobaum seinen griechischen Namen. *Theobroma* heißt er bis heute: »Speise der Götter«.

Schokolade war damals in Europa noch nicht sehr bekannt. Sie war immer noch ein Luxusgut und nur für wenige erschwinglich. Noch 1693 hatte der größte Kakaohändler im schokophilen

Frankreich nur ungefähr fünf Kilogramm auf Lager, im ganzen Land waren ungefähr elf Kilogramm vorhanden. Und doch war die Zeit reif dafür, daß die Schokolade eine Reise über den Atlantik antrat, insbesondere in die aufblühenden britischen Kolonien, die später zu den Vereinigten Staaten von Amerika werden sollten.

Die meisten Historiker der Schokoladegeschichte glauben, 1755 sei das Jahr gewesen, in dem *Theobroma* die Kolonien erreichte. Die Holländer hatten jedoch schon ein wenig Schokolade in den

»La Belle Chocolatière« von Jean-Etienne Liotard, 1743; das populärste Gemälde im Zusammenhang mit Schokolade.

frühen Tagen von New Amsterdam hinübergebracht, als das alte Amsterdam bereits in den Kakaohandel eingestiegen war. Englische Kolonisten des 17. Jahrhunderts tranken gerne Schokolade nach einem herzhaften Frühstück aus Fleisch, Fisch, Geflügel

In der Zeit der amerikanischen Unabhängigkeitsbewegung gab es neben Baker's nicht viele größere Schokoladeaktivitäten.

und Gemüse. Sie meinten, daß das Getränk den Magen bei solch heroischen Anstrengungen unterstützte. Schon 1712 bot ein Apotheker in Boston Schokolade zum Verkauf an. Aber 1755 ist das epochemachende Datum, da zu diesem Zeitpunkt die Kolonisten selbst in den Handel mit Schokolade einstiegen.

Die Seekapitäne von Massachusetts segelten geradewegs in die Karibik, um den Handel mit Kakaobohnen in der eigenen Hemisphäre abzuwickeln. In ihren Heimathäfen wie Salem, Marblehead, Newport oder Rhode Island kostete die Fracht, die den Atlantik zweimal überquert hatte - erst von Westindien nach Europa, dann zurück nach Nordamerika -, weniger als die Ware aus dem Mutterland. Kunden waren zunächst die Apotheker. Schokolade hatte die Menschheit nicht nur mit ihrem Geschmack verlockt: Weisheit, Stärke, Gesundheit konnte sie einem geben. In den Kolonien war besonders die Gesundheit gefragt.

Die Leute nannten Schokolade »Konfekt«, worunter man eine medizinische Mischung mit angenehmen Geschmäckern verstand, die mit Zucker versüßt wurde - obwohl ein Londoner Arzt gewarnt hatte, daß die an sich nützliche Schokolade in der Kombination mit Zucker zum Gift würde. Ärzte und Apotheker waren erfahren in der Herstellung von »Konfekt« mit Mörser und Stößel, nun nahmen sie Schokolade in ihr Angebot auf und wurden die ersten Schokoladelieferanten in den Kolonien.

Ein Arzt war es auch, mit dem die gigantische Schokoladeindustrie der Vereinigten Staaten ihren Anfang nahm. 1765 schloß sich Dr. James Baker aus Dorchester, Massachusetts, mit einem soeben aus Irland übersiedelten Schokoladeerzeuger namens John Hannon zusammen. Dr. Baker stellte das Geld zur Verfügung, um Räume in einer Getreidemühle in Milton Lower Mills am Neponset River zu kaufen, und Hannon mahlte Kakaobohnen mit Wasserkraft statt mit Mörser und Stößel. Damit war die erste richtige Schokoladefabrik in der Bay-Kolonie - heute die älteste Schokoladefirma der Vereinigten Staaten - in Betrieb gegangen. Im Jahr 1777 warb die Firma auf folgende Art und Weise:

Hannon's beste SCHOKOLADE,
auf jedem Stückchen mit J. H. N. markiert,
garantiert rein und außerordentlich fein gemahlen.
Jede Quantität von fünfzig Kilogramm bis zu einer Tonne kann in der
Mühle in Milton entweder gegen Barzahlung
oder aus mitgebrachten Bohnen gemahlen werden.
Besonderer Hinweis: Wenn die Schokolade nicht gut schmecken sollte,
wird das Geld zurückerstattet.

ESTABLISHED IN 1780.

OFFICE 26 SOUTH MARKET STREET, BOSTON, MASS.

AND FOR SALE BY ALL THE PRINCIPAL GROCERS IN THE UNITED STATES.

These articles, to which first Premiums have been awarded by the chief Institutes and Fairs of the Union, are an excellent diet for children, invalids, and persons in health ; allay, rather than induce, the nervous excitement attendant upon the use of tea or coffee, and are recommended by the most eminent physicians. Being manufactured from Cocoa of the best kind and quality, they are warranted equal, if not superior to any other Chocolates made in the United States, and may be returned if found unequal to the recommendation.

AGENTS.

D. C. MURRAY, New York.	KENNETT & DUDLEY, Cincinnati.	LOCKWOOD, WARD & CO., Troy.
GRANT & TWELLS, Phil'a.	WM. BAGALEY & CO., Pittsburg.	VOSE BROTHERS, New Orleans.
THOS. V. BRUNDIGE, Balt.	WAIT & COATES, Albany.	S. H. HOWELL, Georgetown, D. C.

1779 segelte Hannon nach Westindien, um Kakaobohnen für die Fabrik zu kaufen. Er verscholl jedoch auf See. Die Firma nannte sich nun James Baker Company; später übernahm sie der Enkel des Firmengründers, so daß sie ab 1820 Walter Baker Company hieß, ein Name, den man bis heute auf fast jeder Kochschokolade findet - der Basis für nahezu jedes in Amerika gebackene *brownie*.
In der Zeit der amerikanischen Unabhängigkeitsbewegung gab es neben Baker's nicht viele größere Schokoladeaktivitäten. 1786

Les Mesdames Du Barry und Pompadour tranken beide gerne Schokolade, wenn auch aus unterschiedlichen Beweggründen.

fanden sich im Adreßbuch von New York nur drei Schokoladeerzeuger; Philadelphia, der Sitz der selbständig gewordenen Regierung, hatte vier. Aber Thomas Jefferson prophezeite: »Die Bedeutung der Schokolade sowohl für die Gesundheit als auch für die Ernährung wird ihr bald dieselbe Überlegenheit über Tee und Kaffee sichern, die sie in Spanien schon erreicht hat.«
Jenseits des Atlantiks - in London - stand Schokolade in Kon-

kurrenz zum Bier. Die Tavernenwirte beschwerten sich darüber, daß ein ausländisches Getränk den traditionellen englischen Maßkrug zu verdrängen drohte. 1763 forderte die Bierlobby sogar ein Gesetz gegen den Import von Kakaobohnen, blieb damit aber ohne Erfolg. Im Gegenzug unterbreitete 1776 der Schokoladehersteller Joseph Fry sogar einen »bescheidenen Vorschlag an die Hohen Kommissare des Schatzamtes«, die Einfuhrsteuer für Kakaobohnen herabzusetzen, was nach und nach auch geschah.

Im Ancien régime Frankreichs begleitete Schokolade die Herrschaft der Bourbonen. Nach Ludwig XIII. und dem Sonnenkönig Ludwig XIV. bestieg 1723 im zarten Alter von dreizehn Jahren Ludwig XV. den Thron. Seine beiden berühmtesten Mätressen, *les mesdames* Du Barry und Pompadour, setzten die königliche Schokoladetradition fort. Die Du Barry war Zielscheibe zahlreicher vulgärer Schmähungen, von denen die meisten ungerecht und verlogen waren. So hieß es, daß sie ihren Liebhabern Schokolade servieren ließ, damit deren Triebe angestachelt würden. Ihrer Vorgängerin, der Pompadour, wurde nachgesagt, daß sie Schokolade trinken mußte, um sich in Stimmung zu bringen. Stanley Loomis schreibt in seiner Biographie der Du Barry:

»Die Pompadour war ein Paradoxon wie ein großer Konzertpianist, der mit unzulänglichen Fingern geboren wurde, denn diese Frau war einerseits eine der gefeiertsten Kurtisanen der Geschichte, andererseits aber frigid. Zur Erwärmung eines von Natur aus kalten Temperaments und zur Erweckung einer Sinnlichkeit, die bestenfalls schwach ausgeprägt war, mußte sie zu kuriosen Aphrodisiaka und Diäten greifen. Zum Frühstück trank sie Trüffel- und Selleriesuppe, die sie mit Schokolade hinunterspülte.«

Hochwohlgeborene Damen begannen ihren Tag mit einer Tasse Schokolade im Bett.

Die wahre Leidenschaft der Pompadour gehörte den Künsten. Sie unterstützte die neue Porzellanmanufaktur in Sèvres und orderte dort das teuerste Schokoladeservice Frankreichs. Bald war es ganz à la mode für jede elegante Hausfrau, spezielle Kannen und Tassen der großen französischen Porzellanmanufakturen zu besitzen - die Kannen hatten oben eine Öffnung für den Rührstab, die Tassen waren höher und schmäler als Kaffee- oder Teetassen.

Hochwohlgeborene Damen begannen ihren Tag mit einer Tasse Schokolade im Bett, die ihnen mit einer *trembleuse* - was soviel wie Zittertasse heißt - gereicht wurde. Von diesem Trunk versprachen sie sich viel, denn schon zu Zeiten ihrer Großmütter schrieb eine gewisse Madame d'Aulnoy - die oft nach Spanien reiste -, es sei »nicht überraschend, daß die Spanierinnen dünn sind, denn dafür gibt es nichts Besseres als die Schokolade, die sie in außerordentlichen Mengen trinken. Außerdem würzen sie diese unmäßig mit Pfeffer und anderen Gewürzen, soviel sie nur haben, wodurch sie sich selbst verbrennen.«

In der Ära Ludwig XV. floß ein sanfteres Getränk aus den eleganten Kannen in die schlanken Tassen. Aber noch einige Zeit lang dienten als Flüssigkeiten zur Zubereitung eher Bier oder Wein als Wasser. Pfeffer und Nelken paßten ebensogut hinein wie Zucker und Vanille. Auch Moschus und Ambra wurden noch verwendet. Etwas um 1730 kam in England jemand auf den Gedanken, die Schokolade in warmer Milch aufzulösen. Dies wurde auch anderswo bald aufgegriffen.

Der nächste Ludwig, der tragische XVI., bestieg 1774 mit seiner frivolen Königin Marie Antoinette den Thron. Sie war die Tochter Maria Theresias und in Wien mit Schokolade aufgewachsen. Als die Heirat sie nach Paris führte, gehörte zu ihrem königlichen Haushalt auch ein persönlicher Chocolatier. Er ließ sich

immer wieder neue Kreationen einfallen, versetzte Schokolade mit pulverisierten Orchideenknollen oder aromatisierte sie mit Orangenblüten zur Beruhigung der Nerven oder mit Mandelmilch zur Besänftigung eines nervösen Magens.
Es war der letzte Schokoladefirlefanz im bourbonischen Frankreich, das sozusagen mit der Kakaobohne verheiratet war. Marie Antoinette und Ludwig XVI. endeten auf der Guillotine; das Land litt unter den blutigen Jahrzehnten der Revolution und der Wiederkehr Napoleon Buonapartes. 1814 wurde die bourbonische

Monarchie unter Ludwig XVIII. für eine Weile restauriert, und die Franzosen widmeten sich wieder eingehend kulinarischen Freuden.

Siegeszug eines Getränks

Der französische Gastrosoph Brillat-Savarin widmete sich ausführlich den verschiedenen Wirkungen der Schokolade.

IN DEN FOLGENDEN JAHREN machte ein Gerichtsbeamter namens Jean-Anthelme Brillat-Savarin Karriere. Er arbeitete in jeder freien Minute leidenschaftlich an seinem Steckenpferd - dem Schreiben witziger Theorien, Anekdoten und kulinarischer Meinungen, die er seine »gastrosophischen Meditationen« nannte. 1825 publizierte er diese Sammlung anonym unter dem Titel *Die Physiologie des Geschmacks* - ein Meisterwerk der kulinarischen Literatur. Das Buch enthält auch ein Kapitel über Schokolade - zu dieser Zeit noch immer Trinkschokolade:

»Zeit und Erfahrung, diese beiden großen Lehrmeister der Menschheit, haben indessen nachgewiesen, daß eine sorgfältig zubereitete Schokolade ein ebenso gesundes wie angenehmes Nahrungsmittel ist, leicht verdaulich und ohne jene nachteiligen Folgen für die Schönheit, welche man dem Kaffee zuschreibt, sondern sie im Gegenteil heilt; daß sie besonders den Personen zuträglich ist, die einer großen Sammlung des Geistes bedürfen, wie den Predigern, den Advokaten und namentlich den Reisenden; daß sie dem schwächsten Magen zusagt und daß sie endlich vortreffliche Wirkungen in den chronischen Krankheiten zeigt und bei Krankheiten des Pförtners das letzte Hilfsmittel ist.

... Wenn man auf ein reiches und gutes Frühstück eine tüchtige Tasse guter Schokolade setzt, so wird man drei Stunden nachher vollkommen verdaut haben und mit Appetit zu Mittag speisen. ... Ich habe diesen Versuch aus reinem Eifer für die Wissenschaft und mit Aufbietung größter Beredsamkeit von vielen Damen anstellen lassen, welche versicherten, sie würden den Tod davon haben. Es bekam ihnen stets außerordentlich wohl.«

Brillat-Savarin wurde besonders eloquent, wenn er auf das Thema der »amberisierten« Schokolade zu sprechen kam. Er meinte damit nicht den Bernstein (engl. u. franz. *amber*), sondern etwas als Geschmacksgeber noch weit Merkwürdigeres: Ambra, eine wachsartige Substanz aus den Innereien der Spermwale.

Ambra ist laut Frankreichs gastronomischer Enzyklopädie *Larousse Gastronomique* gelb-schwarz gefleckt und hat einen »starken

und angenehmen Geruch«. Heute wird es vielen Parfums zugesetzt.
In Europa hat man es lange in die Trinkschokolade gerührt und noch länger als krampflösendes Mittel verwendet. Es wurde auch als Aphrodisiakum sehr geschätzt, was es in so engen Zusammenhang mit Schokolade brachte wie Walzer und Wien, wenn man sich an ihre jahrhundertealte Liaison mit Eros erinnert, die von Montezuma bis zur Pompadour reichte. Tatsächlich hat diese Dame ihre Aufmunterungsschokolade mit Ambra gemischt. Aber Brillat-Savarin, der siebzig war, als er sein Buch veröffentlichte, dachte an die Reputation von Ambra als Tonikum:

Ambra wurde in Europa lange in Trinkschokolade gerührt. Heute wird es vielen Parfüms zugesetzt.

»Hier ist auch der wahre Ort, von den Eigenschaften zu reden, welche die Schokolade mit Ambra besitzt, Eigenschaften, die ich durch eine große Anzahl von Versuchen bestätigt fand und deren Resultate meinen Lesern anbieten zu können ich stolz bin.
Jeder Mann also, der aus dem Becher der Wollust einige Züge zuviel geschlürft hat, jeder Mann, der einen Teil der Zeit, wo er hätte schlafen sollen, über der Arbeit zugebracht hat, jeder Mann von Geist, der fühlt, daß er für einige Augenblicke dumm wird, jeder, der die Luft feucht, die Zeit lang und die Atmosphäre drückend beschwerlich fühlt, jeder, den eine fixe Idee quält, die ihm die Freiheit des Denkens raubt, jeder, sage ich, der sich in solchen Umständen befindet, nehme einen Schoppen Schokolade mit sechzig bis siebzig Gran Ambra versetzt, und er wird Wunderdinge erleben! Ich nenne eine solche Schokolade die *Schokolade der Betrübten*.«
Heutzutage würden wir von einem Tranquilizer sprechen. »Selbst überaus angetan von der Schokolade«, empfahl Brillat-Savarin sie aber auch denen, die nicht betrübt waren. Sie schmeckt exzellent - vermutlich auch ohne Ambra - »zum Frühstück, mundet uns aber auch am Mittag zum Dessert und bezaubert uns ebenso am Ende des Tages zusammen mit Eis und Süßigkeiten und anderen Leckerbissen des Boudoirs.«
Als früher Befürworter von Diäten für Gesundheit und Schönheit empfahl Brillat-Savarin Schokolade sowohl zum Gewichtsverlust als auch zur Gewichtszunahme. Den Molligen riet er:
»Wenn man nach dem Essen unbedingt etwas Süßes haben muß, sollte man zu einer Schokolade-Eiercreme greifen ... Zum Frühstück das unersetzliche Roggenbrot und eher Schokolade als Kaffee.« Aber er stellte auch unvoreingenommen fest: »Jede dünne Frau will Fleisch ansetzen.« Deshalb sollte sie »vor acht Uhr morgens und - wenn notwendig - im Bett, eine Schale Suppe zu sich nehmen, die Brot oder Nudeln enthält ... oder, wenn sie das vorzieht, eine Tasse gute Schokolade«.

Diese angenehme Vielseitigkeit der Schokolade ist schon von einer Landsmännin Brillat-Savarins 150 Jahre früher festgestellt worden, nämlich der berühmten Madame de Sévigné, die ewigen literarischen Ruhm erwarb, indem sie bezaubernde Briefe schrieb. In einem dieser Briefe teilte sie mit:

»Vorgestern nahm ich Schokolade, um mein Mittagessen gut zu verdauen, weil ich das Abendessen genießen wollte. Gestern trank ich eine wegen ihres Nährwerts, so daß ich bis abends fasten konnte. All die gewünschten Wirkungen traten ein.

Schokolade erheitert uns am Morgen, schmeckt uns am Mittag, erfreut uns am Nachmittag und bezaubert uns nach dem Abendessen.

1828 wurde der erste Schritt zur Kreation von Eßschokolade gemacht.

Das ist der Grund, warum ich Schokolade so angenehm finde: Sie fügt sich unseren Wünschen.«

Gourmets - im damaligen Frankreich Gourmands genannt - sind die angenehmste Gesellschaft, fand Brillat-Savarin, und beschrieb liebevoll den weiblichen Typus: »Jene, deren Naschhaftigkeit hauptsächlich in einer Liebe zum Süßen besteht, haben feinere Gesichtszüge, eine angenehmere Art, wohlgeformtere Figuren und, vor allem, eine ganz besondere Art zu sprechen.«

Mit dem »Süßen« meinte er Backwerk, Cremes, Konfitüren. Schokolade war immer noch in erster Linie ein Getränk, obwohl sich Brillat-Savarin ein paarmal auf sie als Speisewürze bezieht; bei der schlankmachenden Schokoladen-Eiercreme zum Beispiel. Aber weise wie immer, wußte er, daß bessere Zeiten kommen würden. Die Wissenschaft würde neue Substanzen finden, schrieb er, »wie den Kakao mit neuen Nährstoffquellen«. Unter den zwanzig »Aphorismen«, die sein Buch eröffnen, liest man auch diesen: »Die Entdeckung eines neuen Gerichts ist wichtiger für das Glück der Menschheit als die Entdeckung eines Gestirns.« Brillat-Savarin veröffentlichte sein Buch 1825. Da er 1826 im Alter von 71 Jahren starb, erlebte er es nicht mehr, als drei Jahre nach der Publikation dieser Aussage das Glück der Menschheit dadurch befördert wurde, daß der erste Schritt zur Kreation von Eßschokolade gemacht wurde.

Dies begann mit der Suche nach einem besseren Getränk. Von Anfang an hatten viele Leute Schokolade für zu fett befunden, um angenehm zum Trinken zu sein. Wenn die Kakaobohnen gemahlen werden, besteht das Ergebnis zu 53 bis 55 Prozent aus Kakaobutter, ihrem natürlichen Pflanzenfett. Um diese ölige Konsistenz etwas zu mildern, hatten die Azteken Maismehl eingerührt. Die Engländer des 18. Jahrhunderts verwendeten Kartoffelstärke, Pfeilwurzmehl und sogar pulverisierte Seemuscheln.

Nachdem man einmal auf die Idee einer Beimengung gekommen war, suchte man auch nach anderen Substanzen zu anderen Zwecken. So wurde beispielsweise die Farbe der Schokolade durch Beimischung von rotem Pigment, Rost oder Ziegelstaub vertieft - bis George III. darauf Strafen und Beschlagnahmungen verhängte, die Schuldigen sich dem aber normalerweise durch Bestechung entzogen. Sowohl in England als auch in Deutschland wurden seltsame Hybriden verkauft: Haferflockenschokolade, Eichelschokolade, Gersten-, Isländisch-Moos- oder Reisschokolade.

Möglicherweise war der hohe Fettgehalt der richtigen Schokolade Grund dafür, daß Ärzte und Laien sie jahrelang als so »nährend« betrachtet hatten. Aber jetzt wollten die Menschen ein leichteres Getränk, und 1828 erfand es ein holländischer Chemiker namens

Coenraad von Houten. Er konstruierte eine Schraubenpresse, die annähernd zwei Drittel der Kakaobutter auspreßte und »Schokoladenpulver« übrig ließ, die Grundlage eines Getränks, das beinahe den vertrauten Schokoladegeschmack hatte, aber nicht mehr so üppig war. Tatsächlich hatte man entfettete Schokolade schon früher gekannt. Diderots *Encyclopédie* hatte in der Mitte des vorangegangenen Jahrhunderts eine Illustration beinhaltet, welche die Schokoladeerzeugung mit einer Schraubpresse zeigte. Aber davon hatte man sonst nicht viel gehört, während van Hou-

Ein Holländer erfand ein Gerät, mit dem man »Schokoladepulver« herstellen konnte, die Grundlage eines neuen Getränks.

ten sich seine Maschine patentieren ließ und Europa mit ihr eroberte. Stärke und andere Eindicker sind seither nicht mehr notwendig. Als nächstes machte er auch den Farbzusätzen den Garaus, indem er den Prozeß erfand, der ihm zu Ehren noch heute »dutching« genannt und auch angewendet wird. Dabei wird Kakao mit Lauge behandelt, um seine Säurehaltigkeit zu neutrali-

sieren, seine Farbe und seinen Geschmack zu verbessern und ihn flüssigkeitslöslicher zu machen.
Van Houten hat auch noch etwas anderes getan. Die neue Erzeugung von Kakaopulver lieferte durch Extraktion eine Menge elfenbeinfarbiger, glänzender, duftender Kakaobutter, die zum Wegwerfen zu schade war. Andererseits war die Paste aus gemahlenen Kakaobohnen, die man im Handel »cacao liquor« nannte – das Wort »liquor« ist dabei im alten Sinne von »Flüssigkeit«, nicht als Alkohol zu verstehen –, immer zu einer allzu harten

Ahnherren der Schweizer Schokolade:

François-Louis Cailler — Philipp Suchard — Rodolphe Sprüngli-Amm

und bitteren Schokolade getrocknet, die man nur sehr schwer kauen konnte.
In Londoner Schokoladehäusern waren mit Schokolade versetzte Kuchen »im spanischen Stil« populär gewesen. Eine englische Firma annoncierte 1826 Schokoladetabletten als »angenehmen und nährenden Ersatz für normale Nahrung während einer Reise oder bei außergewöhnlichem Fasten durch eine irreguläre Periodizität der Mahlzeiten«. Und Brillat-Savarin erwähnte Schokolade als Speisewürze. Aber einfach einen Mund voll Schokolade, ausschließlich des Vergnügens wegen? Wenn zum Beispiel köstliche weiche Kakaobutter, Schokolade-»liquor« und Zucker zusammengefügt würden, könnte das in etwas Eßbarem eine ganz gute Kombination ergeben.
Die ersten, die das ausprobierten, waren Engländer. Fry & Sons, eine Firma in Bristol, die das Getränk seit 1728 produziert hatten, führten 1847 die »Eßschokolade« ein. Verglichen mit den Wundern, die noch kommen sollten, war sie körnig und von ziemlich aufdringlichem Aroma. Aber die Menschen jener Zeit hatten noch nie zuvor so etwas gekostet und waren davon ganz bezaubert. Die Herrschaft der süßesten Knabberei der Welt hatte begonnen.

Die Schweizer kamen allerdings als letzte zur großen Parade hinzu. Noch im Jahre 1797 wagte Goethe es nicht, die Schweiz zu bereisen, ohne seine eigene Schokolade und die Kanne dafür von zu Hause mitzunehmen. Aber wenn die Schweizer etwas übernehmen, tun sie es gründlich. Am Ende des 19. Jahrhunderts sollten sie in puncto Schokolade den Ton angeben.
Die Namen klingen wie Schokoladefanfaren. 1819 kehrte François-Louis Cailler nach einer Schokolademacherlehre in Italien nach Vevey zurück und eröffnete die erste Schweizer Schokolade-

Daniel Peter

Henri Nestlé

Rodolphe Lindt

Jean Tobler

fabrik, komplett mit Maschinen bestückt, die er selbst zur Verbesserung des Produkts erfunden hatte. 1826 begann Philippe Suchard mit der Produktion von Schokolade in einer alten Mühle mit einem Wasserrad, das ein von ihm entworfenes mechanisches Mahlwerk antrieb. Er war der Schokolade zum ersten Mal bereits 1809 im Alter von zwölf Jahren begegnet, als seine kranke Mutter ihn bat, ihr davon ein Pfund von einem Apotheker in Neuchâtel als Stärkungsmittel zu holen - zum Preis von drei Tageslöhnen eines Handwerkers. 1893 wurde sein Markenzeichen als erstes beim Internationalen Patentamt geschützt. Charles-Amédée Kohler, der Sohn eines Schweizer Kakaobohnenimporteurs, begann 1831 mit seinen Geschäften. Er war es, der als erster auf die Idee einer wohlschmeckenden und dauerhaften Zutat kam: Er gab fein gemahlene Haselnüsse in die Schokolade.
Bis dahin fand die Schweizer Schokoladeerzeugung nur im französisch sprechenden Teil des Landes statt. 1845 eröffnete Rodolphe Sprüngli-Amman einen Laden in Zürich und wurde damit der Pionier in der deutschsprachigen Schweiz. Zwei Romands, Daniel Peter und Henri Nestlé, erfanden 1875 die Milchschokolade. Nur wenige Jahre später entwickelte Rodolphe Lindt aus Bern, also wieder ein Deutschschweizer, die Technik für die

Herstellung von »Fondant«-Schokolade, die so zart und weich ist, daß sie im Mund buchstäblich dahinschmilzt. 1884 hatte Alexis Séchaud in Montreux sein Debüt: 1913 präsentierte seine Gesellschaft die erste gefüllte Schokolade und ebnete so den Weg für die kompliziertesten aller Bonbons, die likörgefüllten Pralinen. Nachdem er jahrzehntelang in Bern Süßigkeiten verkauft hatte, wurde 1899 Jean Tobler zum Produzenten und schuf eine eigene meisterhafte Kollektion von immer populärer werdenden Schokoriegeln und Pralinenmischungen.

Aufgrund all dieser Ereignisse, während die Schokolade immer besser und besser wurde, geschmackvoller, leichter schmelzend – einfach eßbarer –, schrie das so umschmeichelte Publikum nach mehr Kakao. Das bedeutete, daß man sich weltweit um die Ausbreitung der Kakaokultivierung kümmerte.

Wie Kakao kultiviert wird

Im Laufe der Zeit wurde Schokolade immer beliebter, so daß die Kakaokultivierung ausgedehnt werden mußte.

UNGEFÄHR BIS ZUM JAHR 1700 kontrollierte Spanien mit seinen Plantagen in Mittelamerika den Kakaohandel. Um die Jahrhundertwende halfen die französischen Plantagen auf der westindischen Insel Martinique, den Bedarf der Franzosen zu decken. Aber noch 1810 produzierte das unter spanischer Herrschaft stehende Venezuela die Hälfte des weltweit erzeugten Kakaos, und die Spanier verbrauchten ein Drittel der gesamten Welternte. Für die anderen Nationen blieb da nicht viel übrig. Also versuchte im 19. Jahrhundert jedermann, selbst Plantagen anzulegen: die Holländer in Ceylon, Java, Sumatra und Timor, die Belgier im Kongo, die Engländer in Westindien, die Deutschen in Kamerun und die Franzosen fügten ihrem Anbau auf Martinique den auf der ostafrikanischen Insel Madagaskar hinzu. Die Portugiesen hatten nun definitiv die Kontrolle über Brasilien und pflanzten Samen von ihren dortigen Kakaoplantagen - ein Vermächtnis der früheren französischen Eroberungen - auf den Zwillingsinseln São Thomé und Principe vor der afrikanischen Westküste. Im letzten Jahrzehnt des vorigen Jahrhunderts stimulierte der europäische Appetit auf Schokolade die Gründung noch weiterer Pflanzungen auf diesen kleinen »Schokoladeinseln«, die bald mit einem Sechstel der Welternte die führenden Kakaoproduzenten wurden. Das Problem dabei war, daß auf diesen Plantagen Vertragsarbeiter aus dem afrikanischen Mutterland Angola arbeiteten, und daß sich 1901 in Europa das Gerücht ausbreitete, diese Menschen seien keine freien Arbeiter, sondern Sklaven.

Ungefähr ein Drittel der Ernte der beiden Inseln wurde von englischen Unternehmen gekauft. Vier der bedeutendsten davon - Cadbury, Fry, Rowntree und Terry's - gehörten zufällig Quäkerfamilien mit einer reichen humanitären Tradition. Tatsächlich hatte sich der Vater des Gründers der Firma Cadbury fast ein Jahrhundert früher für die Abschaffung der Sklaverei in den britischen Kolonien eingesetzt. Nun entschied sich die Firma Cadbury dafür, den Gerüchten von einer neuen Sklaverei in einem ihrer Liefergebiete auf den Grund zu gehen. William Cadbury, ein Vertreter der dritten Generation seiner Familie im Schokoladegeschäft, wurde 1903 damit beauftragt. In den nächsten sechs Jahren führte er in Lissabon mit der portugiesischen Regierung und auf den Inseln selbst seine Untersuchungen durch. Dabei unterstützten ihn die Firmen Rowntree und Fry in England und Stollwerck in Deutschland - während keine amerikanische Firma bereit war, mitzutun. Er stellte fest, daß die Arbeiter unter »schrecklichen Bedingungen« tätig waren, und sprach von einem

Kakaobäume treiben ununterbrochen Blätter, Blüten und Früchte - die Schoten -, oft auch alles gleichzeitig.

»illegalen und brutalen System der Zwangsrekrutierung von Arbeitskräften in Angola«, das verhindere, daß die Männer jemals wieder heimkehren konnten.

Während der ganzen Zeit hatte Cadbury, der in Verbindung mit dem britischen Außenministerium stand, versucht, die portugiesische Regierung und die Plantagenbesitzer zur freiwilligen Abschaffung der Mißstände zu bewegen. Am 28. November 1907 berief William Cadbury ein Treffen der Plantagenbesitzer auf São Thomé und Principe »im Namen der englischen Kakaofirmen« ein. Was er dort sprach, wurde als Pressemitteilung für englische Zeitungen verbreitet und klang auszugsweise so:

»In einem Ihrer bestgeführten Gebiete stellt der Arzt fest, daß die hohe Sterblichkeitsrate vor allem auf zwei Krankheiten zurückzuführen ist - Blutarmut und Ruhr; Beschwerden, die vor allem bei Menschen mit einer gedrückten geistigen Stimmung vorkommen. Es ist ebenso gesichert, daß die höchste Todesrate unter den neu angekommenen Arbeitern auftritt, und es ist auch genau das, was man erwarten kann, wenn wir wissen, daß diese Leute mit Gewalt gezwungen werden, ihre Heimat zu verlassen, um in Übersee zu arbeiten, ohne jemals auf eine Rückkehr hoffen zu können ... Es gibt keine Rückführung nach Angola: Die Schiffe, die mit menschlicher Fracht überladen zu den Inseln segeln, bringen nicht einen davon wieder zurück. Bevor der derzeitige Stand der Dinge sich nicht verändert hat, wird kein Argument die Welt überzeugen können, daß es sich hierbei um freiwillige Arbeitsleistungen handelt ...

Wenn einmal ein System der Repatriierung etabliert worden ist und die ersten Männer, Frauen und Kinder tatsächlich in ihre Heimat zurückgekehrt sein werden, werden die Inseln nicht länger als Gräber betrachtet werden ... Die zurückgekehrten Eingeborenen werden die besten Rekrutierungsagenten für neue Freiwillige sein, die leichten Herzens zu den Inseln fahren, weil sie wissen, daß sie am Ende ihrer vertraglich festgelegten Arbeitszeit mit Geld in den Taschen zu ihren Freunden zurückkehren können ... Die Arbeiter werden gesünder und gutwilliger sein bei der Aussicht auf eine Rückkehr ...

Die Auswüchse, die es heute noch gibt, sind meiner Meinung nach die letzten Spuren eines schlechten Systems, dessen Existenz Sie alle bedauern, und Sie werden es, glaube ich, mit starker Hand beseitigen, damit es unmöglich wird, den Namen Ihrer großen Nation in einem Atemzug mit der Sklaverei zu nennen.

Wir waren immer Käufer von São-Thomé-Kakao und bitten Sie um Reformen in der Hoffnung auf langjährige weitere Geschäftsbeziehungen ... Wir würden es sehr bedauern, wenn es uns nicht mehr möglich wäre, Ihren ausgezeichneten Kakao zu kaufen, aber selbst im Wissen, daß es einen erheblichen finanziellen Verlust bedeuten würde - zumindest was meine Firma betrifft -, könnten wir es doch nicht mehr mit unserem Gewissen vereinbaren, wei-

Neben den Kakaobäumen werden sogenannte »Kakaomütter«, wie etwa die Banane, angepflanzt.

terhin bei Ihnen das Rohmaterial für unsere Produktion einzukaufen, wenn wir nicht sicher sein können, daß es in Zukunft durch freie Arbeitskräfte erzeugt wird.
Wir ersuchen um schnelles und durchgreifendes Handeln und sind ganz zuversichtlich, daß die Farmer, die durch ihren Mut und ihre Energie in einer Generation São Thomé zu einer Kolonie erster Güte gemacht haben, zusammen mit ihrer fähigen Beamtenschaft die Überbleibsel eines schlechten Systems von ihrem Gebiet entfernen werden und auch in Angola einen Zustand wahrer Freiheit schaffen werden, würdig der Nation, die als erste die Küsten von Afrika erforschte und die zu den größten Kolonialmächten der Erde gezählt wird.«
Trotz Cadburys überzeugender Rede blieben die Lebensbedingungen auf der Insel unverändert, worauf die Firma Cadbury im März 1909 ankündigte, keinen portugiesischen Kakao mehr kaufen zu wollen. Andere Unternehmen in Europa und Amerika schlossen sich dem Boykott an. 1910 publizierte William Cadbury ein Buch mit dem Titel *Labour in Portuguese West Africa*, und einige Jahren später verbesserten sich die Arbeitsbedingungen auf São Thomé und Principe. Aber zu diesem Zeitpunkt hatte der Boykott die Bedeutung der Inseln im Kakaohandel bereits reduziert. Die Firma Cadbury beispielsweise kaufte nun in Britisch-Westafrika. Auf dem Gebiet des heutigen Ghana wurden Bäume von São Thomé, Principe und der benachbarten, den Spaniern gehörenden Insel Fernando Po angepflanzt, deren Samen von jenen abstammten, die Cortés Jahrhunderte früher aus Südamerika gebracht hatte. In Ghana sprossen nun junge Bäume, die in Zukunft die größten Plantagen bilden sollten.
Für europäische Schokoladehersteller mußten also verschiedene Voraussetzungen erfüllt sein: erstens genügend politischen oder wirtschaftlichen Einfluß auf ein Gebiet, um dort Plantagen anlegen zu können; zweitens bestimmte Bedingungen hinsichtlich Geographie und Klima. Der Kakaobaum wächst in den Breitengraden zwischen zehn Grad südlich und zehn Grad nördlich des Äquators – maximal zwanzig Grad in beiden Richtungen –, wo die Temperatur normalerweise bei mindestens 27 Grad Celsius liegt und nie unter 16 Grad Celsius fällt. Es darf nicht viel Wind wehen, die dünnen Bäume könnten ihm nicht standhalten. Es muß lockerer Boden und eine Abschirmung gegen das Sonnenlicht vorhanden sein. Die wilden Bäume wuchsen ursprünglich im Schatten größerer Gewächse wie der Banane in den Wäldern Mittelamerikas. Zu guter Letzt braucht der Kakaobaum auch noch reichlich Regen, mindestens 130 Zentimeter pro Jahr.
Diese Bedingungen findet man an vielen Orten, und so breiteten

sich im 19. Jahrhundert Plantagen von Brasilien bis São Thomé, von Venezuela bis zu den Philippinen, von Madagaskar bis Ceylon aus. Überall waren die Anpflanzungs- und Erntemethoden so ziemlich dieselben und unterschieden sich nicht wesentlich von denen zu Montezumas Zeiten oder von den heutigen.
Kakaobäume können bis zu fünfzehn Meter hoch und sechzig Jahre alt werden. Im allgemeinen werden sie allerdings auf acht Meter zurückgeschnitten, um die Bohnenschoten leichter ernten zu können, und erreichen die Grenze ihrer Leistungskraft mit

Die Bohnenschoten wachsen direkt aus dem Stamm oder den dickeren Hauptästen.

dreißig oder vierzig Jahren. Sie treiben ununterbrochen Blätter, Blüten und Früchte - die Schoten -, meistens gleichzeitig. Und ihr Wachstum ist recht ungestüm.
Da die ganzjährige Last groß geratener Blätter für die fragilen Zweige schon Bürde genug ist, wachsen die Bohnenschoten direkt aus dem Stamm oder den dickeren Hauptästen - bis zu dreißig auf einmal. Dasselbe gilt auch für die Blüten - bis zu 100.000 pro Jahr, alle in großartigen Farbtönen. Die Blüten sind babyrosa und weiß, die jungen Blätter variieren je nach Sorte von Hellgrün über Lavendel bis Purpur, bis sie allmählich zu einem Dunkelgrün heranreifen. Die Schoten, die in ihrer Form einem amerikanischen Football gleichen, reifen von Grün zu Gelb oder Rot, was auch wieder von der Sorte abhängt, wobei sowohl grüne

als auch gelbe und rote Schoten zur selben Zeit den Baum schmücken. Kakaobäume sind immer ein visueller Hochgenuß. Aber es gibt keinen Schokoladegeruch. Das quälend schöne Aroma entwickelt sich erst später. In der Wachstumsphase sind sogar die wunderbaren Blüten geruchlos.

Es gibt zwei verschiedene Arten von Kakaobäumen: *Forastero*, hauptsächlich in Brasilien und Westafrika kultiviert, und *Criollo*, den Ureinwohner Mittelamerikas. Der erste hat eine dunkle, purpurfarbene Bohne, eher herb im Geschmack, ist aber un-

Die Schoten sehen Mandeln ähnlich und sind von einer klebrigen weißen Pulpe umgeben.

empfindlich und einfach anzubauen bei hohem Ertrag. Der *Criollo* trägt weniger, ist wetterempfindlich, anfällig für Krankheiten und schwierig anzupflanzen; aber seine gelb-weiße Bohne ist feiner und milder im Geschmack. Die Frucht des *Forastero* ist als »Basisbohne« bekannt. Sie liefert neunzig Prozent der Welternte, und der Hauptanteil fertiger Schokolade besteht aus ihr. Der *Criollo*, seltener und teurer, liefert die »Geschmacksbohne«. Sie wird jeder feinen Schokolade in einem Verhältnis zugesetzt, das vom Rezept des Erzeugers abhängt – und vom Preis des Produzenten. Sowohl *Forastero* als auch *Criollo* werden in eine Anzahl von Sorten unterteilt, außerdem gibt es Hybriden, jede nach ihrer Heimat benannt, beispielsweise *Guayaquil*, *Accra*, *Bahia* und *Caracas*.

Um das Sonnenlicht zu mildern, wie es die Kakaobäume lieben, werden als »Kakaomütter« bezeichnete Bäume neben ihnen ange-

pflanzt. Pflanzen des Tropenwalds wie die Banane, der Baobab, der Kassavestrauch oder der Zimtbaum schützen die zarten jungen Kakaobäumchen vor zuviel Sonne, insbesondere während der für Krankheiten anfälligen ersten drei oder vier Jahre. Dann beginnen die Bäume ihre Frucht hervorzubringen. Sie erreichen ihren maximalen Ertrag nach acht Jahren und behalten sie dann drei Jahrzehnte lang bei.
Obwohl die Schoten an manchen Orten das ganze Jahr geerntet werden können, bringen die meisten Pflanzer Ordnung in dieses

Für die Verschiffung wird der Rohkakao in Jutesäcke verpackt.

Chaos. Sie ernten zweimal pro Jahr, am Beginn und am Ende der Regenzeit. Die reife Schote, ungefähr zwanzig Zentimeter lang und sechs bis zehn im Umfang, wird sorgfältig von Hand abgeschnitten, um keine jüngeren Schoten, die noch am Baum reifen müssen, zu beschädigen.
Die nächste Station ist die Fermentationseinrichtung. Hier werden mit einem Messer oder auch nur einem Stock die harten Schoten aufgeschlitzt, um die Kakaobohnen herauszuholen - zwanzig bis vierzig pro Schote. Sie sehen Mandeln ähnlich und sind von einer klebrigen weißen Pulpe umgeben. Die Bohnen schmecken jetzt noch bitter, aber die Pulpe ist köstlich.
Unzweifelhaft war es dieser Klebstoff, der in alten Zeiten Affen und Vögel anzog, wenn sie in den Wildbäumen auf Futtersuche waren. Die Kinder kauen auch heute noch in den Kakaoanbaugebieten träumerisch auf der Pulpe frisch geöffneter Schoten herum, und ihre Mütter machen köstliche Softdrinks und Dessertgelees daraus. Aber der größte Teil der Pulpe wird mit den Bohnen ausgekratzt, und alles zusammen wird nun zur Fermentation ausgebreitet. Die heute angewendete Methode da-

für scheint seit Jahrhunderten unverändert geblieben zu sein. Bananenblätter werden auf dem Boden ausgebreitet; die Bohnen werden darauf ausgelegt, dann kommt eine zweite Schicht Bananenblätter darüber, und man läßt sie einige Tage fermentieren, wobei man gelegentlich nachschaut, ob es auch klappt. Manchmal findet dieser Rottungsprozeß auch in Körben statt, und nach der modernsten Methode in großen, flachen, schrägstehenden Kisten, unter einer Lage von Blättern.

Jetzt entsteht wenigstens ein zarter Geruch nach Schokolade. Während der Fermentation entwickeln die Bohnen unter fünfzig Grad Hitze, die durch die zerfallende Pulpe entsteht, chemische Verbindungen, die als »Geschmacksvorläufer« - *flavor precursors* - bezeichnet werden. Sie verlieren den Hauptanteil ihrer Bitterkeit und beginnen, ihre Farbe von Lavendel oder Weiß zu Braun, der erwarteten Schokofarbe, zu ändern. Ohne Fermentation könnten die Bohnen niemals den erwünschten Schokoladegeschmack entwickeln, wenn auch diese Geschmacksvorläufer diesem noch nicht allzu sehr ähneln.

Während der Fermentation nimmt die Feuchtigkeit der Bohnen eine Woche lang Tag für Tag ab. Trotzdem bleiben etwa sechzig Prozent Wassergehalt zurück. Da die Bohnen so aber als Schiffsfracht zu schwer und damit zu teuer und darüberhinaus auch für Fäulnisprozesse während des Transports anfälliger wären, werden sie als nächstes ein paar Tage lang in der tropischen Sonne zum Trocknen ausgebreitet - in der Nacht und während Regenschauern werden sie durch Abdeckungen geschützt. Ihre Farbe geht nun noch mehr ins Braune, ihr Aroma kommt dem von Schokolade näher, und ihr Wassergehalt sinkt auf akzeptable fünf bis sieben Prozent. Jetzt können sie in Jutesäcke zu jeweils siebzig Kiogramm verpackt und über den Ozean zu den Schokoladefabriken in aller Welt geschickt werden.

Gründerjahre

In fast jeder größeren Stadt gab es bald eine Schokoladefabrik.

IM 19. JAHRHUNDERT GRÜNDETE man überall Schokoladefabriken. Mit der Erfindung der Eßschokolade schienen sie so reich aufzublühen wie der Kakaobaum selber, und die meisten von ihnen haben bis heute Bestand. Seit 1847 gibt es in England J. S. Fry & Sons, die eigentlichen Erfinder der Eßschokolade. Bereits 1824 eröffnete der junge John Cadbury einen Tee- und Kaffeeladen in Birmingham und nahm bald auch Schokolade ins Angebot auf, die er selbst herstellte, vom Rösten der Bohnen bis zum Zerkleinern mit Mörser und Stößel. Schokolade setzte sich nach und nach so sehr durch, daß schon zwei Jahre nach Fry die Familie Cadbury Eßschokolade in einem größeren Geschäft in Birmingham verkaufte. Dreißig Jahre später expandierte die Firma, und Cadbury baute eine große Fabrik in der Nähe von Bournville. Eine anderes Unternehmen hatte schon seit 1785 Schokolade hergestellt und wurde nun zu Rowntree, heute noch in und außerhalb Englands ein Name. Terry's in York, die seit 1767 im Geschäft mit Süßigkeiten tätig waren, erkannten in der Mitte des 19. Jahrhunderts, daß Schokolade in der Luft lag. 1886 bauten sie ihre eigene Fabrik, mit der sie innerhalb kurzer Zeit berühmt wurden.

In Deutschland nahm Franz Stollwerck 1839 in Köln seine Geschäfte auf, und fast jede größere Stadt rühmte sich bald einer Schokoladefabrik: Sprengel in Harburg bei Hamburg, Sarotti und Hildebrand in Berlin, Monheim in Aachen, Petzold & Aulhorn in Dresden, David in Halle oder Ritter in Bad Cannstatt bei Stuttgart. In Frankreich wurden Pelletier und Menier gegründet, in Holland Blooker, Bensdorp, Droste und Van Houten. Und die Schweiz machte mit klingenden Namen auf sich aufmerksam: Cailler, Kohler, Sprüngli, Suchard, Nestlé, Tobler.

Wie bereits erwähnt, hatte der in Wien tätige Schweizer Liotard 1743 das wohl bekannteste Gemälde im Zusammenhang mit Schokolade geschaffen: La Belle Chocolatière. Und obwohl der Aufstieg der österreichischen Schokoladefabriken erst im aus-

gehenden 19. Jahrhundert einsetzte, gab es bereits 1744 genug Schokolademacher in Wien, um eine Gilde zu organisieren. Sie produzierten ein Dutzend verschiedene Sorten - vom Getränk über Speiseschokolade bis zu Schokolade für medizinische Zwecke - und ihre Reputation war so hoch, daß andere europäische Länder diese Erzeugnisse importierten.
1820 machte Goethe, dessen Liebe zur Schokolade hier schon vermerkt wurde, im Kurort Karlsbad Ferien. Er war schon über siebzig Jahre alt, aber immer noch rüstig, und sandte Ulrike von

Bensdorps 10-Groschen-Riegel sollte in der österreichischen Metropole legendär werden.

Levetzow, einer Neunzehnjährigen, die er sehr verehrte, ein Geschenkpaket. In der Schachtel waren verschiedene geologische Proben und Schokolade - die feine Wiener Sorte, wie er in einem Begleitschreiben herausstrich. Und der große Dichter fügte einen netten kleinen Zweizeiler hinzu:

Genieße dies nach deiner eignen Weise,
Wo nicht als Trank, doch als beliebte Speise.

Goethe ist also einer der ersten historisch belegten Schokoladeknabberer. Offensichtlich bissen die Leute schon Jahrzehnte vor der Erfindung der eigentlichen Eßschokolade von den Tabletten ab, die dafür bestimmt waren, als Getränk aufgelöst zu werden.
Den meisten Menschen war Schokolade jedoch bis ins 19. Jahrhundert - wenn überhaupt - nur dem Namen nach bekannt, was angesichts des heutigen Pro-Kopf-Verbrauchs von acht Kilogramm nahezu unvorstellbar ist. Verglichen mit anderen europäischen Ländern hinkte Österreich in der industriellen Schokoladeproduktion erheblich hinterher. Erst in den siebziger Jahren des 19. Jahrhunderts gelang es Victor Anton Schmidt - nach einem Fehlstart infolge der Wirtschaftskrise 1864/65 - eine Firma

zu gründen, die bis zur Jahrhundertwende zur größten österreichischen Schokoladefabrik aufblühen sollte. Den größten Erfolg sollte die Firma Victor Schmidt & Söhne mit ihrer Mitte der dreißiger Jahre unseres Jahrhunderts auf den Markt gebrachten Tafelschokolade *Famos* erzielen.

Die Konkurrenz aus dem Ausland war groß. 1881 gründete Suchard eine Filiale im vorarlbergischen Bludenz, 1896 faßten die Gebrüder Stollwerck Fuß in Wien und 1907 ließ sich die Firma Bensdorp in der österreichischen Metropole nieder, deren Zehn-Groschen-Riegel sowie Ein- und Zwei-Schilling-Rippen legendär werden sollten. Dennoch ließen sich andere Österreicher nicht entmutigen: Josef Manner und Carl Hofbauer folgten nach.

Durch zielbewußte Marken- und Sortenwerbung war es ihnen möglich, ihre ursprünglichen Einmannbetriebe rasch zu erweitern. Noch vor dem Ersten Weltkrieg waren Hofbauers *Schokolade-Maroni* und *Toffees* zu einem Begriff geworden, und *Manners reiner Cacao, Chocolade Manner* sowie *Manners Neapolitaner Schnitten* waren die Visitenkarten der auch heute noch zum größten Teil in Familienbesitz befindlichen Schokoladefirma.

Trotzdem man in Wien den einmal erreichten Qualitätsstandard halten konnte, verlor man bald seine Stellung auf den Exportmärkten in der Schweiz und in den Niederlanden, wo neue Maschinen und Arbeitsweisen eingeführt worden waren. Stattdessen brachte die österreichische Kaiserstadt den berühmtesten aller Schokoladekuchen hervor, die Sachertorte, der einzige Name im Schokoladepantheon, der nicht auf eine Fabrik, sondern auf ein Hotel Bezug nimmt.

Die Konditoren waren nicht allzu schnell dazu bereit, Schokolade beim Backen zu verwenden, obwohl diese Möglichkeit im kuchenversessenen Wien seit Anfang des 18. Jahrhunderts bekannt war. Bereits 1778 findet sich in einem Kochbuch ein Rezept für eine »Schiocolati Torte«, die aus gemahlenen Mandeln, Zimt, Nelken, Ingwer und Zitronenschale sowie aus geraspelter Schokolade bestand - offensichtlich war es damals noch üblich, die Kakaobohne mit starken Gewürzen zu kombinieren.

Eine seltsame Wiener Mischung jener Zeit sah vor, Schokolade mit in Fett gebräuntem, gesalzenem Mehl in die Milch zu rühren; das Gemisch wurde dann über eingeweichte Brotscheiben gegossen - was allerdings auch nicht merkwürdiger war als ein im kolonialen Amerika üblicher Frühstücksbrei aus dicker Schokolade mit Kassave, einer stärkehaltigen Knolle. Der Sachertorte näher kamen die Wiener mit einem Schokoladekuchenrezept in einem 1799 erschienenen Kochbuch unter dem Titel *Der Wiener Zuckerbäcker*. Hier sind die Gewürze weggelassen, und die Kom-

Die »Schutzmarke Stefanskirche« ist seit nahezu 100 Jahren das Markenzeichen der Firma Manner.

bination von Schokolade, Zucker und Eiern dürfte viel besser geschmeckt haben.

Bevor es jedoch zur Kreation dieser inzwischen weltberühmten Köstlichkeit kam, wurde ein anderes Stück Schokoladegeschichte geschrieben. Bereits 1786 kam ein Zuckerbäcker namens Ludwig Dehne nach Wien und eröffnete wenig später eine »Burgtheater-Zuckerbäckerei«. Bald schon erfreute sich das Haus am Michaelerplatz bei der Wiener haute volée großer Beliebtheit. Als der Tortenkünstler 1799 starb, übernahm seine Frau Antonia das Geschäft. Wenig später heiratete sie den aus Stuttgart stammenden Gottlieb Wohlfarth, und beide verhalfen dem Etablissement auch im Ausland zu hoher Anerkennung.

»Das Gewölbe«, Verkaufsraum der Patisserien. Die Einrichtung aus dem Jahre 1888 ist aus Mahagoni und Bronze.

Wenn man dem Bericht eines ausländischen Besuchers Glauben schenken darf, war die später unter dem Namen *Demel* bekannte Institution schon damals eine Attraktion: »Ein prachtvolles Gewölbe, wo 36 Menschen nicht geschäftig genug im Hintergrund des Hauses sein können, um den Wünschen des Publikums zu entsprechen. Fremden Naschern raten wir, vorzüglich nachts zwischen acht und zehn das herrlich erleuchtete Lokal zu besuchen, wo durch Prismen das glänzende Licht, das von oben herabfällt, vervielfältigt wird.«

1826 starb Wohlfarth und hinterließ das Geschäft seiner Frau. Nach deren Tod führte es für kurze Zeit ihr ältester Sohn August, der es in den fünfziger Jahren an seinen ersten Gehilfen Christoph Demel verkaufte. Der k. k. Hoflieferant, der das Privileg besaß, im Hofburgtheater Getränke und Süßigkeiten zu verkaufen, die er durch einen unterirdischen Gang anlieferte, konnte seinen Erfolg aber nur zehn Jahre genießen - er starb 1867. Seine Söhne Josef und Karl gründeten schließlich »Ch. Demel's Söhne« am Kohlmarkt Nr. 14, wo sich das Geschäft noch heute befindet.

Ihr Vater hatte ihnen ein Rezeptbuch hinterlassen, in dem die Rezepturen für eine Reihe verlockender Süßigkeiten, darunter auch eine Torte, aufgeschrieben waren. Diese war aber von jemand anderem erfunden worden, und ein Jahrhundert später sollte dies zu einem aufsehenerregenden Gerichtsstreit führen.

Schon 1832 mischte der sechzehnjährige Konditorlehrling Franz Sacher Ingredienzien für jenen Kuchen zusammen, der den Namen Sacher weltweit so bekannt machen sollte, wie den von Johann Strauß oder Sigmund Freud. Der junge Sacher war im Haushalt des österreichischen Kanzlers Metternich angestellt. Dort fertigte er eine Torte aus Schokoladeteig mit einer Einlage aus Marillenmarmelade und einer glänzenden Schokoglasur an – und dort, bei Metternich, erschien sie auch zum erstenmal auf

RAUCH SALON

der Tafel. Möglicherweise wurde sie schon damals als »Sachertorte« bezeichnet, als Franz Sacher, nach einigen Anstellungen bei anderen Aristokraten, 1849 ein Hotel mit einem angeschlossenen Delikatessenladen eröffnete.
Die Torte, wie sie nun in Sachers neuem Etablissement verkauft und serviert wurde, war ein durchschlagender Erfolg. Franz Sachers Sohn Eduard baute das Hotel ein bißchen um und eröffnete 1876 das Hotel Sacher gegenüber der Wiener Oper. Auch Eduard verkaufte Sachertorten, eine ganze Menge sogar. Um

1888 erzählte er einer Wiener Zeitung, daß er 400 Torten pro Tag bei Diners in seinem Hotel serviert. Weitere Torten wurden nach Paris, Berlin, London und sogar nach Übersee versandt. Die Sachertorte wurde von Bäckern in aller Welt kopiert.
Heute verkauft das Hotel Sacher pro Jahr an die 270.000 Original Sachertorten. Dafür werden ungefähr eine Million Eier, 55 Tonnen Tunkmasse und sechzig Tonnen Zucker benötigt. Anläßlich der Hochzeit von Karl von Habsburg mit Francesca von Thyssen in Mariazell im Januar 1994 fertigte das Sacher eine 2,20 Meter hohe Torte an.
Auf seine Art wurde Franz Sacher so berühmt wie die Schokoladefirmen Stollwerck, Suchard oder Hershey. Er hatte ein langes und erfülltes Leben, auf das wir später noch einmal zurückkommen werden.

»*Kamelle-Napoleon*« *und* »*Schokolade-Ritter*«

Franz Stollwerck, der »Kamelle-Napoleon« von Köln.

ALS FRANZ STOLLWERCK 1839 seine Schokoladefirma in der südlichen Kölner Altstadt gründete, gehörten die Siege Napoleons schon längst der Vergangenheit an. Trotzdem waren dem »Kamelle Napoleon« mit seinen Brustbonbons nachhaltige Erfolge beschieden und brachten ihm den Titel »Hoflieferant« ein. Aufgrund seiner geschickten Werbung hatte der Betrieb 1851 bereits 230 Niederlassungen in Deutschland und den meisten europäischen Ländern. Er lieferte nach Wien, London, Paris, Moskau, Kopenhagen, Stockholm, und sogar New York.

1869 wurde die Firma in Franz Stollwerck & Söhne umbenannt und hatte nun neben Bonbons auch Fondants, Pralinen, Schokoladen und sogar Kölnisch Wasser im Angebot. Neben der Schokoladeproduktion waren es aber vor allem zwei Dinge, die den Gebrüdern Stollwerck – so hieß die Firma nach familiären Zwistigkeiten seit 1871 – zu internationalem Ansehen verhalfen. Zum einen machte Heinrich Stollwerck 1883 die bahnbrechende Erfindung eines Walzstuhles mit fünf vertikal angeordneten Walzen, und zum anderen gelang ihm mit dem Einsatz von Warenautomaten, die rund um die Uhr Süßigkeiten verkaufen konnten, eine epochemachende Vertriebs- und Marketingleistung.

1887 ließen die Stollwercks die ersten dieser originellen Verkaufshilfen aufstellen. Innerhalb von vier Jahren waren in Deutschland mehr als 10.000 Automaten in Betrieb. 1893 waren es europaweit schon 15.000 Stück. In New York standen bereits ein Jahr später ungefähr 4.000. Um die Jahrhundertwende wurden ungefähr zwölf bis dreizehn Millionen Schokolade- und Zuckerwarenpackungen aus Automaten verkauft. Diese oft von namhaften Künstlern entworfenen stummen Verkäufer erschienen in den auffälligsten Spielarten und boten eine Auswahl aus dem reichhaltigen Schoko-Sortiment an. Obwohl die Gewerbetreibenden diese Automaten als Störung der gesetzlichen Ladenschlußzeiten verdammten, bescherten sie den Gebrüdern Stollwerck nachhaltigen Erfolg.

Daneben kurbelten kuriose Spielzeuge den Umsatz an. Die Produktpalette reichte von Sparbüchsen über Automobile und Lokomotiven bis zu Zeppelinen. Die Sensation war zweifellos ein von Thomas Edison entwickelter Schokolade-Phonograph, den Stollwerck zum Weihnachtsgeschäft 1903 herausbrachte. Auf Schallplatten aus Schokolade konnten ein paar Takte Musik - mehr als 300 Melodien waren erhältlich - abgespielt werden. Zwar entstand durch das Abspielen Reibungshitze, so daß die Schallplatten relativ schnell schmolzen, doch gab es einen einfachen Ausweg - den Verzehr der Schokoplatten.

Eine Auswahl von Blechspielzeug, das von der Firma Stollwerck zwischen 1898 und 1903 als Weihnachtsartikel vertrieben wurde.

Erst kürzlich hat eine Berliner Firma diese Idee wieder aufgegriffen. Die Singles werden in Silikon-Matrizen gegossen, sind fünf Millimeter dick, 100 Gramm schwer und bestehen aus erlesener Halbbitter-Kuvertüre. Das Titelangebot reicht vom »Hochzeitsmarsch« über Peter Alexanders »Kleine Kneipe« bis zum »Babysitter Boogie«.

In den fünfziger Jahren des 19. Jahrhunderts begann der Pfarrerssohn Bernhard Sprengel in Harburg mit der Produktion von Süßwaren und Kakao. Die günstigen Verkehrswege - vor allem am Standort an der Süder-Elbe - und die idealen Zollbedingungen im Freihafen ließen das Geschäft florieren. Als Harburg 1853 seinen Status als Freihafen verlor, übersiedelten Sprengel & Co. nach Hannover.

Wahrscheinlich haben dem damaligen Regenten Georg V. und seiner Familie diese Naschereien vorzüglich geschmeckt, denn 1858 verlieh er den Unternehmern den Titel »Königlich-Hannoversche-Hofschokoladefabrikanten«. Seither steht die mit der Unterschrift des Firmengründers versehene Zeichnung eines Bienenkorbs stellvertretend für feinstes Marzipan und köstlichste Pralinen.

Daß solche Embleme mitunter Geschichte machen, kann man auch am Beispiel von Felix & Sarotti sehen. Der Konditor Hugo Hoffmann, der schon seit 1868 Schokolade produzierte, erwarb 1878 die alteingesessene Berliner Firma und behielt die Bezeichnung Sarotti wohlweislich bei. Der Sarotti-Mohr - der Firmensitz lag in der Berliner Mohrenstraße - entwickelte sich zum unverwechselbaren Kennzeichen des Unternehmens, das heute zum Schweizer Nestlé-Konzern gehört und sogar in Japan und Australien ein Begriff ist.

Bereits 1857 hatte am Stadtrand von Aachen Leonhard Monheim mit der Produktion begonnen, wofür er eigens einen Chocolatier aus Italien kommen ließ. Seine Schokoladewaren verkaufte Monheim - heute Lindt & Sprüngli - unter dem Markennamen *Trumpf*.

Eine Schokolade im Jackentaschenformat legte 1932 den Grund-

STOLLWERCK'S VICTORIA
SPAR-AUTOMAT
Schokolade
Schokolade
STOLLWERCK'S
SPAR-AUTOMAT
SPAR-AUTOMAT
Stollwerck's Spiel-Automat
Stollwerck's Chocolade-Sparbüchse

Die Geschichte der Warenautomaten in Deutschland begann im Jahre 1887.

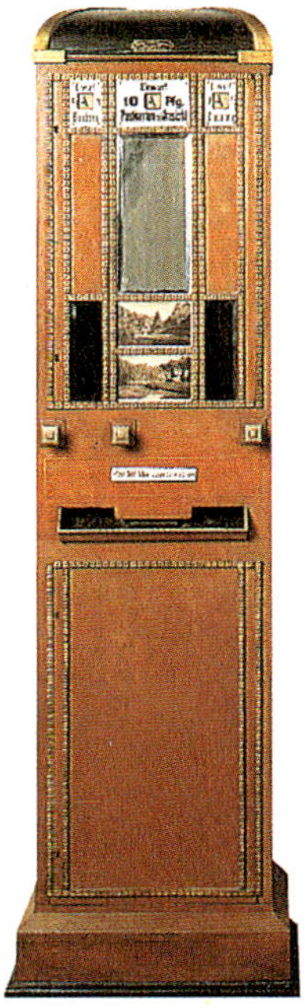

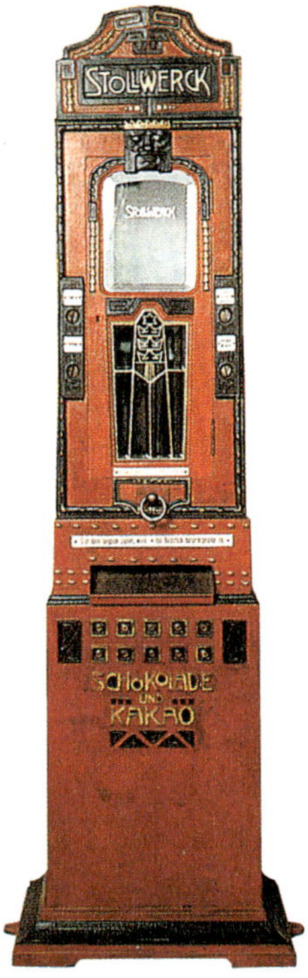

stein für eine weltweite Karriere. Die quadratische Ritter-Schokolade aus Schwaben wurde im Laufe der Jahre immer mehr zum Markenartikel ausgebaut. Heute ist die Tafel mit dem gewissen Knick-Effekt Aushängeschild des 1912 in einem Hinterhaus in Bad Cannstatt gegründeten Unternehmens. Hier begann der Zukkerbäcker Alfred Ritter mit der Produktion von Zuckerwaren, die seine Frau anschließend in ihrer Confiserie zum Kauf anbot.

Solche Distributionsformen gehören allerdings längst der Vergangenheit an. Heute sind Beteiligungen an anderen Schokoladefirmen Teil jeder modernen Unternehmensphilosophie. Die Stollwerck AG etwa besitzt unter anderem die Mehrheit an den traditionsreichen Firmen Sprengel in Hannover, Hildebrandt in Berlin oder Jacques in Eupen/Belgien. Sie kommt dadurch auf einen jährlichen Nettoumsatz von nahezu zwei Milliarden Deutsche Mark. Weltweit werden mehrere tausend Mitarbeiter beschäftigt.

Lassen wir zum Schluß noch kurz ein paar Zahlen sprechen. In Deutschland wurden im Jahr 1994 insgesamt 626.373 Tonnen Schokolade im Wert von 6.153.988.000 Deutsche Mark erzeugt. Der Pro-Kopf-Verbrauch der Bundesbürger liegt in etwa bei sieben Kilogramm im Jahr.

Im Land der unbegrenzten Möglichkeiten

Die amerikanische Firma Maillard betrieb sogar eine eigene »Schoko-schule«.

JENSEITS DES ATLANTIKS, in den Vereinigten Staaten, übernahm Walter Baker 1820 jenes Unternehmen, das sein Großvater am Neponset River im vorherigen Jahrhundert gegründet hatte. Nach dem Bürgerkrieg erwarb er das Recht, Liotards »Schokolademädchen« auf seinen Packungen und Anzeigen abzubilden. Bis heute sind Amerikaner oft erstaunt, wenn sie erfahren, daß das »Schokolademädchen« auch noch auf eine andere Weise existiert als nur als Warenzeichen von Baker's.

Auch andere, heute noch existierende Firmen wurden damals gegründet, beispielsweise 1848 Maillard. Heute kennt man dieses Unternehmen wegen seiner Schokoriegel, aber damals konzentrierte es sich auf Kakao und finanzierte sogar eine »Schokoschule«, wo man kostenlos in der Zubereitung des Getränks unterrichtet wurde. Kakaopulver wurde bereits in Blechbüchsen mit Kochanleitungen auf der Banderole ausgeliefert, aber das Kochbuch *The American Matron* von 1851 hatte eine bessere Idee: »Kauf die Bohne so, wie sie importiert wird, röste sie wie Kaffee, und zerdrücke sie im Mörser. Dann koche sie gut in Wasser auf. Zweifellos bleibt der wirkliche Kakaogeschmack auf diese Weise erhalten, und du bist sicher, ein gutes Ergebnis zu erreichen.« Da war schon etwas dran.

Noch in den sechziger Jahren dieses Jahrhunderts - und möglicherweise bis heute - ist auf Puerto Rico eine ähnliche Zubereitungsart gepflegt worden. Viele Farmer waren glücklich darüber, daß ein paar Kakaobäume auf ihren Feldern standen. Niemand hatte sich um sie gekümmert, niemand wußte, wann oder wie sie dorthin gekommen waren. Möglicherweise war Hernán Cortés dafür verantwortlich, der überall, wo er hinkam, Kakaosamen ausgestreut hatte.

Die Frauen der Farmer sammelten reife Schoten, gaben die Pulpe den Kindern und breiteten die Samen auf dem sonnenbeschienenen Dach ein paar Tage lang zum Fermentieren und Trocknen aus. Dann rösteten sie die Bohnen in einem großen Topf über dem offenen Holzfeuer, steckten sie in ihre Kaffeemühle und servierten ein Getränk, das köstlicher schmeckte als jede heiße Schokolade anderswo – wenn man glaubt, was jene erzählen, die es probiert haben.

The American Matron hatte gute Gründe, den Do-it-yourself-Kakao zu empfehlen. Im selben Jahr 1851, in dem dieses Kochbuch publiziert wurde, brachte das angesehene britische Medizinjournal *Lancet* die Ergebnisse eines Tests von fünfzig im Handel befindlichen Kakaos. Demnach waren neunzig Prozent durch den Zusatz von Bleifarbe und Stärke verfälscht. Wie es aussah, gerieten schlechte Gewohnheiten nur langsam in Vergessenheit, zumindest in England, und das trotz van Houtens Erfindung des Entfettens und des »dutching«. Es gab aber eine Ausnahme. Cadbury war stolz darauf, das »reine Produkt Kakao« herzustellen, ohne jeden Füllstoff.

Etienne Guittard war eigentlich nach San Francisco gekommen, um Gold zu suchen.

Kakao war immer noch ein wichtiges Erzeugnis, aber Cadbury beschäftigte sich, wie auch die anderen Schokoladehersteller, zunehmend mit Eßschokolade. 1857 eröffnete das älteste der immer noch bestehenden belgischen Bonbonunternehmen, Neuhaus, ein Geschäft in Brüssel. In den Vereinigten Staaten machte William Loft, der Sohn eines englischen Erzeugers von Süßigkeiten, 1860 seinen ersten Schoko-und-Süßigkeiten-Laden auf, den damals einzigen in den Vereinigten Staaten. Das Neue an Loft war, daß er nicht Schokolade produzierte, sondern Bonbons anbot, die in Schokolade getaucht waren und unverpackt verkauft wurden. Die Idee war erfolgreich, und Loft's wurde zu einer Ladenkette in New York, New Jersey und Connecticut.

An der Westküste wurde ebenfalls 1860 der Grundstein für ein Unternehmen gelegt, das ein ganz anderes Angebot als Loft's präsentieren sollte. In diesem Jahr hatte Etienne Guittard seine Anstellung in einer französischen Schokoladefabrik aufgegeben und war nach San Francisco gekommen, um Gold zu suchen. Nach drei Jahren hatte er noch immer keines gefunden. Aber er hatte aus Frankreich eine Lieferung guter Schokolade mitgebracht, um sie gegen Prospektorenwerkzeug einzutauschen. Die Händler, mit denen er zu tun hatte, versicherten ihm, es gebe in San Francisco eine Zukunft für ihn und seine wundervolle Schokolade. Guittard fuhr zurück nach Frankreich, um sich das Geld für Schokolademaschinen zu verdienen. 1868 segelte er wieder in die Vereinigten Staaten und gründete ein Unternehmen, das sich zu einem der wichtigsten amerikanischen Erzeuger erstklassiger Schokolade für den Großhandel entwickeln sollte. Mehrere der besten Süßwarenfabrikanten, Großbäckereien und Eiscremeerzeuger der USA – wie zum Beispiel Baskin-Robbins – verwendeten die Schokolade von Guittard.

Ghirardelli ist eine weitere Firma, die während des kalifornischen Goldrauschs gegründet wurde und bis heute besteht. Domingo Ghirardelli stellte in den Goldgräberlagern Zelte auf, um verschiedene Waren an die Goldgräber zu verkaufen. Mit dem angesammelten Kapital begann er 1862 Schokolade herzustellen. Zur Jahrhundertwende hatte sich die Firma auf die Herstellung von Schokoriegeln spezialisiert. Sie ist immer noch gut im Geschäft, im Groß- wie im Einzelhandel.

Von allen Unternehmen, die damals in den Vereinigten Staaten

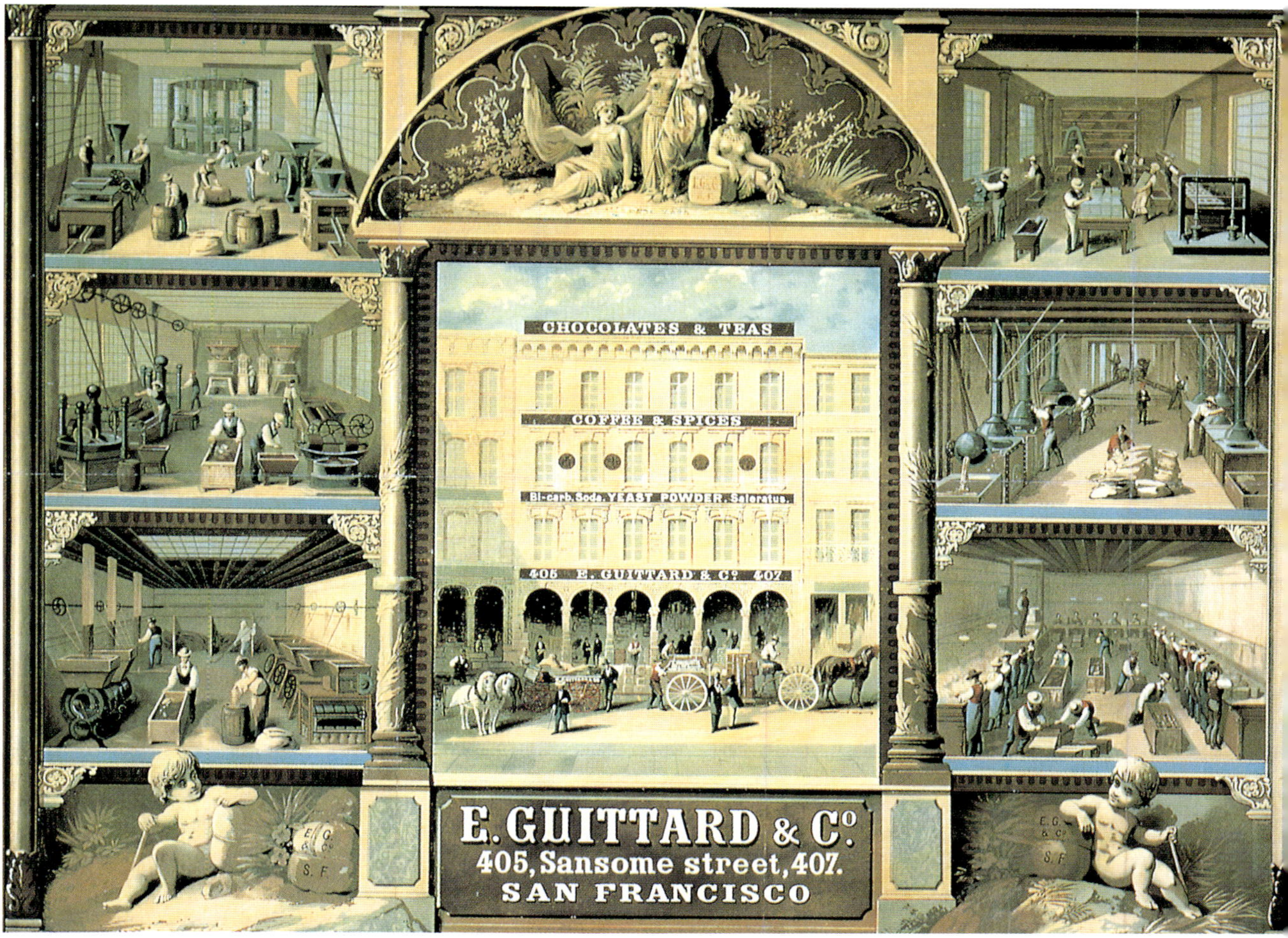

gegründet wurden, sollte schließlich nur eines den Namen tragen, den jeder Amerikaner augenblicklich mit dem Wort Schokolade assoziiert. Wie Suchard und Nestlé in der Schweiz war es der Name eines einzelnen Mannes. Milton Snavely Hershey war schon ein paar Jahrzehnte im Zuckerwerk- und Karamellengeschäft tätig, als er 1893 die Messe in Chicago besuchte und an der Vorführung einer deutschen Schokolademaschine teilnahm.

In diesem Moment scheint Milton Hershey seine Bestimmung erkannt zu haben. »Karamellen sind nur eine Mode«, sagte er zu einem seiner Gesellschafter. »Schokolade ist das wirkliche Dauergeschäft. Ich werde Schokolade machen.« Und das tat er auch, indem er seine Produktlinie allmählich änderte und 1903 eine Fabrik baute. Es war aber nicht nur eine Fabrik, sondern eine eigene Schokoladewelt, auf die wir später einen genaueren Blick werfen wollen.

Wie man Schokolade macht

Die Erfindung der Dampfmaschine brachte auch eine Revolution in der Herstellung von Schokolade mit sich.

NACHDEM CORTÉS mit den Kakaobohnen nach Spanien heimgekehrt war, zerrieben die Europäer viele Jahre lang die Bohnen auf dieselbe Art zu Schokolade wie seinerzeit die Azteken - also von Hand. In Europa und Amerika waren die Bohnen gewöhnlich mittels Mörser und Stößel zerstoßen worden, manchmal auch zwischen Steinen oder Porzellanscheiben. Später wurden Mühlräder als Antriebsmittel eingesetzt - beispielsweise von Dr. James Baker in Massachusetts und von Philippe Suchard und Rodolphe Lindt in der Schweiz. Aber dann erfand James Watt 1765 die Dampfmaschine, und es dauerte nicht lange, bis sie auch in der Schokoladeproduktion zum Einsatz kam.

Bereits 1780 trieb eine Dampfmaschine in einer spanischen Fabrik - also im europäischen Mutterland der Schokolade - eine Schokoreibe an. 1795 mahlten Fry & Sons, Englands zukünftige Schokopioniere, zum ersten Mal Kakaobohnen mittels Dampfkraft. Der Potsdamer Schokoladehersteller J. F. Miethe stellte seit 1828 »Dampfschokolade« her - und verkaufte sie mit dem stolzen Hinweis auf die Herstellungsart. Innerhalb eines Jahrhunderts erfaßte die Industrialisierung die Schokoladeerzeugung ebenso wie alle anderen Wirtschaftszweige. Die Maschine, die Hershey 1893 so beeindruckt hatte, wurde in den folgenden Dekaden ständig verbessert und verfeinert. Die moderne Schokoladeerzeugung hatte begonnen.

Die endgültige Verfeinerung kam als Rodolphe Lindt auf der Suche nach der perfekten Schokolade, die kräftig und weich sein sollte, auf zwei köstliche Ideen verfiel. Die eine hatte mit der Kakaobutter und ihrem einzigartigen Charakter zu tun. Andere Pflanzenfette schmelzen bei Zimmertemperatur, Kakaobutter bleibt bis ca. 34 Grad Celsius fest. Lindt fand heraus, daß er durch Zusatz einer bestimmten Menge Kakaobutter Schokolade erzeugen konnte, die einerseits einen vollen Geschmack hatte, andererseits aber fest blieb, bis sie auf der Zunge schmolz.

Auf eine weitere Idee kam Lindt, als er seine Schokolade in

einem schmalen Trog knetete. Je länger er knetete und mischte, desto glatter wurde die Masse - eine glatte, schmelzende Textur von der besten Qualität. Um diese Konsistenz leichter zu erzielen, erfand Lindt Geräte, die heute noch verwendet werden. Der Prozeß wurde als »Conchieren« bezeichnet, vom spanischen Wort concha (= Muschel), nach der Form der ersten Conchier-Tröge. Das Conchieren hat seinen Platz in der Produktionsabfolge nach einer Reihe anderer Schritte.

Die Qualität einer Schokolade hängt maßgeblich von der Dauer des Conchierens ab.

Als wir das letzte Mal von den Bohnen sprachen, waren sie noch weit davon entfernt, Schokolade zu sein. Sie waren fermentiert worden, um Geschmacksvorläufer zu entwickeln, dann ließ man sie trocknen und lieferte sie an die Fabriken.

Dort werden die Bohnen gereinigt. Steine, Jutefasern, Sand, Staub, Holzstückchen und Schotenreste werden mittels Sieben, elektrisch betriebenen Bürsten und Vakuumvorrichtungen entfernt. Dann sondern Arbeiter alle Bohnen, die nicht vollkommen fermentiert oder trocken sind, aus. Mittels Sieben werden die Bohnen nach Größe sortiert. Je größer die Bohne, umso länger muß sie geröstet werden. Das Rösten ist der nächste entscheidende Schritt.

Es ist nämlich das Rösten, das in den Kakaobohnen den endgültigen, verführerischen Schokoladegeruch und -geschmack erzeugt und die Fabrik in einen magischen Ort verwandelt. In dem Märchen *Charly und die Schokoladefabrik* beschreibt der britische Autor Roald Dahl ein Gebäude, in dem sich Zuckerwiesen, ein Schokoladefluß und ein Wasserfall in einem Mischwerk vereinen. Das beschreibt nicht ganz genau, wie eine moderne Schokofabrik mit ihren automatischen Produktionsmaschinen tatsächlich aussieht. Aber Dahls Tagtraum und seine Entsprechung im tatsächlichen Leben haben eines gemeinsam. Dahl schrieb: »Jedesmal, wenn er vorüberging, verfiel er in ein sehr langsames Tempo, sehr, sehr langsam, hielt seine Nase hoch in die Luft und nahm lange, tiefe Züge von dem üppigen Schokoladenduft rings um ihn. Oh, wie liebte er diesen Geruch!«

Die Aura rund um eine Fabrik hat einen ganz spezifischen Charakter, was zu einem guten Teil mit den gerösteten Bohnen zusammenhängt. Die Intensität der Röstung muß auf das Sorgfältigste kalkuliert werden, wobei nicht nur die Unterschiedlichkeit der Bohnen, sondern auch das Endprodukt bedacht werden muß. Kakaopulver beispielsweise sollte ein stärkeres Aroma haben, deshalb müssen die Bohnen länger geröstet werden. Verschiedene Arten von Schokolade von mildem bis starkem Geschmack benötigen entsprechend geröstete Bohnen, die fünfzehn bis zwanzig Minuten lang einer Wärmebehandlung von 100 bis

150 Grad Celsius ausgesetzt werden. Bei jeder Geschmacksnuance muß der Röster sorgfältig auf die richtige Zeit und Temperatur achten, sonst wird die Ladung für den angestrebten Zweck unbrauchbar. Sie könnte sogar verbrennen und damit völlig wertlos werden.

Nach dem Rösten sind die Bohnen nicht nur voller im Aroma, sondern auch in der Farbe dunkler. Die Schalen sind trocken und gelockert und damit fertig zum nächsten Schritt. Eine Worfelmaschine öffnet die Bohnen und löst die Keimblätter aus ihnen heraus, das Basismaterial, aus dem Schokolade erzeugt wird - kleine Stückchen, die jetzt, nach dem Rösten, so köstlich schmecken, daß sie in Mexiko heute noch einfach so aus der Hand gegessen werden. Die abgelösten Schalen werden mechanisch mittels Gebläse entfernt, aber nicht weggeworfen; man sammelt und verwendet sie für verschiedene landwirtschaftliche Produkte und sogar für Arzneien, während die Keimblätter gemischt werden. Um eine bestimmte Geschmacksrichtung zu erzeugen, mischt ein Schokoladehersteller bis zu zehn Sorten Kakaobohnen. Das genaue Mischungsverhältnis ist ein sorgfältig gehütetes Geheimnis jeder Firma.

Um eine bestimmte Geschmacksrichtung zu erhalten, werden bis zu zehn verschiedene Sorten Kakaobohnen gemischt.

Die vermischten Keimblätter werden nun von einer anderen Maschine gemahlen, die genug Hitze erzeugt, um in diesem Prozeß die Kakaobutter zum Schmelzen zu bringen. Das Ergebnis ist die Schokolademasse, eine dunkel gefärbte, nach Schokolade riechende Paste, die bei Abkühlung hart wird. Entsprechend geformt und ohne jeden weiteren Zusatz mit Ausnahme von vielleicht ein wenig Kakaobutter, wird sie als Kochschokolade verkauft - das ist die reinste Form, in der man Schokolade bekommen kann.

Eßschokolade, auch das verhältnismäßig trockene »extra-bittersüße« Aroma, das von Puristen so gepriesen wird, braucht mehr Kakaobutter als Kochschokolade, zusätzlich Zucker, und eine weitere Behandlung, bevor sie zum Genuß werden kann. Diese Prozedur beginnt bei der Schokoflüssigkeit, die aus Bohnen gemacht wird, welche man in Hinsicht auf das Endprodukt schon geröstet und mit Kakaopulver gemischt hat. Der Flüssigkeit wird unter hydraulischem Druck der größte Teil der Kakaobutter entzogen, bis nur zehn bis zwanzig Prozent übrig bleiben - je nach dem, welche Sorte erzeugt werden soll - und es einen trockenen Preßkuchen gibt, der pulverisiert und gesiebt wird. Das Ergebnis dieses Prozesses ist Kakao, der mit Zucker und anderen Geschmacksmitteln zu Kakaomixgetränken verarbeitet werden kann. Meist wird er in der Prozedur, die van Houten vor über eineinhalb Jahrhunderten erfunden hat, »gedutcht«.

Die holländische De-Zaan-Kakaofirma variiert das »dutching«, um sechzig veschiedene Varianten von milden bis sehr starken, von hellen über rötlich-braune bis zu fast schwarzen Bohnen zu erzielen, je nach den Wünschen ihrer Kunden. Kakaopulver wird nicht nur zum Trinken, sondern auch zum Würzen und Färben von Keksen, Bäckereien, Konfekt, Puddings, Kuchenmischungen, Eiscremes und anderem verwendet.

Ein guter Teil der Schokolademasse wird nicht zu Kakao verarbeitet, sondern zu Schokolade. Dazu braucht man die Kakaobutter, die als Flüssigkeit abgesondert wurde, als die Hydraulik Kakao-Preßkuchen produzierte. Die Flüssigkeit wird gefiltert, um verirrte Kakaopartikel zu eliminieren, und härtet sich im Kühlen zu glänzenden elfenbeinfarbenen Blöcken. Ein Teil davon wird an die Hersteller von Ölen und Lotionen, Seifen und Cremes verkauft, weil Kakaobutter diesen Produkten eine weiche Konsistenz und einen angenehmen Duft verleiht.

Kakaopulver wird nicht nur zum Trinken, sondern auch zum Würzen und Färben von Keksen und Eiscremes verwendet.

Der größere Teil folgt aber einer höheren Berufung: dem Ruhm der Schokolade zu dienen. Neben dem, was sie dabei für Geschmack und Textur tut, trägt die Kakaobutter auch zur guten Lagerfähigkeit von Schokolade bei, denn im Unterschied zu anderen Fetten wird sie nahezu niemals ranzig. Die Menge der Zugabe variiert mit der Art Schokolade, die erzeugt werden soll, und mit den jeweiligen Rezepten der Firmen. Insgesamt nimmt der Kakaobuttergehalt von extrabittersüß bis süß, von dunkel bis hell zu. Der Zenit wird mit der weißen Schokolade erreicht, die keine Schokoflüssigkeit enthält - deshalb ist sie ja weiß -, sondern nur aus Kakaobutter plus Milch und Zucker besteht.

Auch die Menge der zugefügten Milch ist kein Festwert, und es ist auch nicht immer dieselbe Art Milch. Die meisten Fabriken verwenden die Pulverform, weil flüssige Milch die Schokoladenmischung zu flüssig macht. Aber Hershey in Amerika, Cadbury in England und Cailler in der Schweiz verwenden flüssige Kondensmilch, vielleicht als Hommage an ihre Vorgänger. Cailler war lange mit Nestlé in einer Partnerschaft verbunden - wobei Cailler der Luxuspartner war -, und Henri Nestlé begann seine Geschäftskarriere mit der Erfindung von Babynahrung und der Kondensmilch, die sie enthielt. Als der Schweizer Schokolademacher Daniel Peter die Milchschokolade erfand, erwies sich Nestlés Kondensmilch als perfekt - das heißt, dick genug - für seine Mischung, und die beiden Männer taten sich zusammen. Bis heute enthalten auch die Rezepturen von Cailler und Hershey Kondensmilch. Cadbury verwendet dazu in seinen Unternehmen die Milch von den umliegenden Molkereien. Das ist typisch für Englands führenden Schokoladehersteller, trank man

Einblick in die Schokoladeherstellung im Jahre 1901: Rösten, Pressen der Kakaobutter, Mischen, Feinwalzen, Conchieren.

doch hier 1730 zum erstenmal Schokolade mit Milch statt mit Wasser.

Was auch immer die Zutaten sind, sie werden im nächsten Schritt in einer Maschine so lange geknetet, bis sie die richtige Konsistenz haben. Die Mischung schmeckt jetzt ziemlich gut, weil Zucker und Vanille oder Vanillin dazugemischt worden sind, aber sie hat noch eine sandige Beschaffenheit. Sie muß seidig und geschmeidig werden, das ist beinahe so wichtig für die Schokolade wie ihr Geschmack. Also geht die Masse in die Walz-

Auch englische Feuerwehrmänner stärkten sich mit Cadbury-Schokolade.

stühle. Hier rotieren drei, manchmal sogar fünf Stahlrollen in der Masse und bringen die winzigen Schokolade- und Zuckerteilchen auf Größen um etwa zwanzig Mikrons – ein Mikron ist ein tausendstel Millimeter. Ohne diesen Bearbeitungsschritt würde sich Schokolade im Mund unangenehm anfühlen, rauh und körnig. Tatsächlich ist auch diese Raffinade noch immer nicht ausreichend für die beste Schokolade. Für die optimale Textur braucht man, wie Rodolphe Lindt entdeckte, das Conchieren.

In den Conchen - rechteckige Tröge oder runde Trommeln - wird die Schokolade neuerlich umgerührt. Die Partikel werden noch winziger und glatter, und sie verschmelzen mit der Extra-Kakaobutter, die jetzt zugesetzt wird, oft begleitet von dem Emulgator Lecithin. Die Bewegung und Reibung in den Conchen bringt die Konsistenz der Schokolade nun zur äußersten Verfeinerung; die Durchlüftung stabilisiert ihren Geschmack. All das dauert bis zu zweiundsiebzig Stunden; billigere Marken kürzen das Verfahren ab oder verzichten völlig darauf.

Heute wird Schokolade im Prinzip genauso hergestellt wie vor 100 Jahren.

Bis zu diesem Punkt ist die Schokolade bei Temperaturen um die 85 Grad Celsius flüssig gehalten worden. Dann wird sie im sogenannten Temperieren auf vierzig Grad Celsius abgekühlt, einem Prozeß, der verhindert, daß die Kakaobutter später kristallisiert und die fertige Schokolade wieder körnig macht. Jetzt hat die Schokolade endlich die richtige Konsistenz, um durch jene Maschinen zu fließen, die die verschiedenen Stückchen formen, welche unsere Tage verschönern.

In den letzten Jahrzehnten des 19. Jahrhunderts war die Maschinerie vielleicht primitiv, wenn man sie mit modernen Hightech-Wundern vergleicht, aber im Prinzip wurde Schokolade auf dieselbe Weise hergestellt wie heute. Die Produktion wurde mehr und mehr gesteigert, als die Industrialisierung eine Massenherstellung ermöglichte und steigende Kakaoernten den erforderlichen Grundstoff bereitstellten. Die Importzölle, einst so hoch, daß Trinkschokolade ein Privileg der Reichen gewesen war, sanken nun für die großen Schiffslieferungen aus den Plantagen in Lateinamerika, Afrika und sogar Asien. Alle diese Umstände wirkten zusammen, um die steigende Nachfrage nach Speiseschokolade zu befriedigen.

In den Vereinigten Staaten schrieb Maillard 1878 in einem Inserat, daß seine »berühmte Vanilleschokolade überall bei Händlern« gekauft werden könne. Die Erzeuger betonten damals noch, was Generationen später als selbstverständlich galt, den Hauch von Vanillegeschmack in der Schokolade. Die Gemischtwarenhändler lagerten große Scheiben, 30 Zentimeter breit, 45 Zentimeter lang, 5 Zentimeter dick, von denen sie mit dem Hammer Stücke abschlugen und für einen Penny pro Sack verkauften. Außerdem gab es Schokoladezigaretten, ebenfalls für einen Penny. Die Regierung schickte tonnenweise Schokolade an die

Soldaten, die 1898 auf den Philippinen kämpften - nicht nur als Leckerei, sondern auch, weil man sie, wie früher die Trinkschokolade, für einen gesunden Energiespender hielt.
Manche glaubten sogar, Schokolade könne jede andere Nahrung ersetzen, und Schokolade und ein Stück Brot wären eine komplette, nahrhafte Mahlzeit. In Deutschland erhöhte ein »Königlich-preußisch patentiertes Schokoladeprodukt« den Nährwert durch eine kräftige Infusion von Fleischextrakt. Diese Mischung erschien seinerzeit nicht exotisch, die Leute aßen auch Schokolade, die einen großen Anteil an Erdnüssen, Linsen oder Bohnen enthielt.

Die englische Königin Victoria beim Genuß einer Tasse Schokolade.

Die englische Königin Victoria schickte zu Weihnachten 1899 ihren Truppen, die den Buren in Südafrika gegenüberstanden, 250 Tonnen Schokolade, und wenig später stattete Cadbury eine britische Arktisexpedition mit 500 Kilogramm aus. Die Mengen waren großzügig bemessen, aber nicht unvernünftig.
Die Briten zu Hause aßen 1902 mehr als dreißig Tonnen Milchschokoladeriegel pro Woche. Der Großteil davon kam aus der Schweiz, nur eine Tonne stammte von der Firma Cadbury, die 1897 Milchschokolade in ihre Produktpalette aufgenommen hatte, in der Hoffnung sich an diesem Geschäft erfolgreich beteiligen zu können. Die Rechnung ging auf, binnen eines Jahrzehnts wurden die Schweizer Verkäufe um ein Vielfaches übertroffen. Aber schon vorher hatte Cadbury prosperiert, und die Besitzerfamilie startete ein bewundernswertes Sozialprogramm, mit dem sie einen Teil ihres Reichtums an die Angestellten weitergab.
Als sie im Jahre 1879 eine große Fabrik für ihr expandierendes Unternehmen bauten, boten sie höhere Löhne und kürzere Arbeitszeiten, bezahlten Urlaub, Pensionen, medizinische und zahntechnische Versorgung. Bis 1900 verwandelten sie 134 Hektar ihres Firmengeländes in Bournville bei Birmingham in eine Gartenstadt, wo ihre Arbeiter in hübschen Häusern wohnen konnten. Ein paar Jahre später kamen Erholungseinrichtungen wie Sportplätze und ein Schwimmbad für Frauen dazu.
Neben anderen Schokolade-Herstellern gab auch Philippe Suchard in der Schweiz seinen Arbeitern akzeptable Unterkünfte und führte als einer der ersten Schweizer Unternehmer eine Unfallversicherung für Arbeiter ein, wofür man man ihn »Vater Suchard« nannte.

Schoggi!

Schweizer Schokolade ist ein Synonym für einen exquisiten Geschmack.

SCHWEIZER SCHOKOLADE, liebevoll »Schoggi« genannt, ist weltweit ein Begriff, und das nicht nur aus den bekannten historischen Gründen, also den einschlägigen Erfindungen Lindts, Suchards, Nestlés - der freilich ein Schwabe namens Heinrich Nestle war und sich erst als 150prozentiger Schweizer Henri Nestlé nannte - sowie der anderen Pioniere.

Der richtige Ort, über dieses Thema nachzudenken, ist das Entresol eines großen klassizistischen Zürcher Bauwerks Ecke Bahnhofstraße-Paradeplatz. Dort befindet sich das Restaurant der berühmtesten Confiserie nicht nur Zürichs, sondern möglicherweise der Welt: *Sprüngli am Paradeplatz.* Setzen wir uns in den Speisesaal, von dem gesagt wird, hier treffe man sich »zum Frühstück, zum Znüni, zum Zvieri - das heißt zu kleinen Zwischenmahlzeiten um neun am Morgen und um vier am Nachmittag -, zum leichten Lunch, zum schnellen Espresso oder zum ausgedehnten Kaffeekränzchen«. Hier beobachten wir bei einem Espresso und einem Croissant Amerikaner, Japaner und Zürcher, die alle sowohl das Flair dieses hellen Saales als auch die im Mund schmelzenden Köstlichkeiten genießen.

Rudolf Sprüngli hatte sich 1845 als vierter Schweizer nach François Louis Cailler, Philippe Suchard und Amédée Kohler auf die Schokoladefabrikation verlegt, nachdem er Teilhaber in der Confiserie seines Vaters David geworden war. Vater und Sohn erwarben 1859 ein Eckhaus am Neumarkt zum Fröschengraben hin und richteten ein Verkaufslokal mit Erfrischungsraum, Backstuben, Lagerräumen und Personalunterkünfte ein. Am 9. Juli 1861 - also zwei Jahre vor Baubeginn der Bahnhofstraße - kaufte Rudolf Sprüngli für 260.000 Franken das neu errichtete Eckhaus Bahnhofstraße-Paradeplatz. Von hier aus lieferte das Unternehmen in den folgenden zwei Jahrzehnten Torten, Glacen, Bomben, Figureneis und Baumkuchen zu Hochzeiten nach Küsnacht, Horgen, Männedorf, Uster, Winterthur, Baden, Chur, Glarus, und an das Bahnhofsbüffet in Olten.

Den Weltruf der Firma begründete freilich erst der Vertreter der nächsten Generation, David Robert Sprüngli-Baud. Zusammen mit seiner Frau Elise Baud, Tochter des Besitzers des *Hôtel du Sauvage* in Meiringen, leitete er den Sprüngli-Pavillon mit Gartenrestaurant auf der schweizerischen Landesausstellung 1883. Hier stellte er ein Modell der Stadt Zürich aus Tragant aus – ein gummiartiger Leim aus Bocksdorn, 110 x 170 cm groß, an dem er neun Monate gearbeitet hatte. Am frühen Morgen skizzierte er unbeobachtet Gassen und Häuser und baute sie tagsüber in verkleinertem Maßstab aus Tragant nach, wobei er angeblich kein einziges Fenster wegließ.

Die Confiserien Sprüngli und Teuscher in Zürich sind weltbekannt.

Im Pavillon wurde auch zum ersten Mal bei Sprüngli Kaffee ausgeschenkt. Am Paradeplatz hatte man darauf verzichtet, weil es in Zürich schon zwei Cafés gab, in denen man dieses Getränk bekam, das *Saffran* und das *Café Littéraire.* Da schien ein drittes überflüssig. Angesichts der großen Nachfrage im Pavillon wurde der Kaffee später auch in der Confiserie eingeführt.

1892 teilten sich die Wege der Sprünglis: Der Konditor David Robert erhielt die beiden Konditoreien, sein Bruder Johann Rudolf die Schokoladefabrik, aus der später Lindt & Sprüngli hervorging. Als David Robert Sprüngli am 7. Januar 1944 im Sterben lag, waren seine Letzten Worte: »Iez isch es glaubi verby mit Schaffe«, was übersetzt soviel heißt wie: »Jetzt ist es, glaube ich, mit dem Arbeiten vorbei.«

Seine Nachfolger arbeiteten natürlich fleißig weiter und machten das Unternehmen weltweit bekannt. Für den heutigen Besucher der Confiserie ist es besonders erwähnenswert, daß 1977 die Fassade des Hauses renoviert wurde, wobei man einige inzwischen durchgeführte Umbauten wieder zurücknahm und dem Bau äußerlich zum Großteil wieder das ursprüngliche Aussehen von 1861 verlieh.

Heute leiten die Neffen von Richard Sprüngli, Thomas und Milan Prenosil, die Geschicke des Unternehmens, das im Produktionsbetrieb im nahe gelegenen Dietikon immerhin rund 3.000 verschiedene Näschereien produziert. Die Rezepte stammen zum Teil noch immer aus den handgeschriebenen Rezeptbüchern von fünf Generationen Sprüngli.

Berühmt sind die exquisiten *Luxemburgerli*, mit aromatisierter Buttercreme gefüllte Makronen, die Richard Sprüngli während seiner Lehrjahre in Luxemburg kennengelernt hatte, und von denen heute 50.000 Stück pro Tag produziert werden. Traditionellere Spezialitäten sind die *Zürihüppli*, die *Quittenpästli* oder die aus feinstem Marzipan bestehenden *Züri-Leckerli*.

Im Parterre ist ein Versand untergebracht, der es möglich macht, Zuckerbäckerkunst wie einen »Glückspilz mit Zwergen«, den

»Züri-Leu« oder »Tauben auf einem Kissen« an Freunde im In- und Ausland zu verschicken. Dem Schweizer Astronauten Claude Nicollier sandte Sprüngli sogar eine Raumfähre aus Haselnußbiscuit nach Houston.

Aber wir sind ja immer noch im Salon im Zwischengeschoß. Zum Espresso nehmen wir vielleicht ein Kirschtörtchen, und als Lektüre schlagen wir das Chocosuisse-Bulletin auf, die Zeitschrift des Verbandes Schweizerischer Schokoladefabrikanten in Bern. Er hat fünfzehn Mitglieder, unter ihnen Riesen wie Nestlé und Kraft-Jacobs-Suchard sowie kleinere Firmen wie die Carma-Pfister AG in Dübendorf oder die Villars Maître Chocolatier SA in Fribourg.

Der Ton des Bulletins ist in den letzten Jahren etwas gedämpft, denn der Markt stagniert. Die Gesamtverkäufe sind geringfügig gestiegen, der Gesamtumsatz ist aber wegen der sinkenden Preise um ein halbes Prozent gefallen, nun schon zum dritten Mal hintereinander. Den Schweizern selbst ist als Konsumenten nichts vorzuwerfen: Obwohl ihr Pro-Kopf-Verbrauch an Schokolade ebenfalls gesunken ist - von 11,3 auf 10,9 kg - liegt die Schweiz damit immer noch international an der Spitze.

Nestlé macht freilich nur zwei Prozent des Umsatzes in der Schweiz, so daß beispielsweise die Härte des Frankens eine größere Rolle fürs Geschäft spielt als die Gier der Welt nach Schokolade. Trotzdem für viele Osteuropäer Schokolade ein teurer Luxusartikel ist, hofft man auf die zunehmende Nachfrage aus diesen Ländern.

Zur Sorge besteht allerdings kein Grund: In einer Aufstellung der hundert Schweizer Top-Unternehmen des Jahres 1995 in der Zürcher Zeitschrift *Bilanz* findet man Nestlé an 12. und Lindt & Sprüngli an 46. Stelle. Im Jahr 1994 hatte Nestlé einen Jahresumsatz von fast 3,5 Milliarden Franken, Lindt & Sprüngli 38,1 Millionen. Und auch die anderen nagen nicht an einem aus Schokolade gegossenen Hungertuch.

Als sich Rudolf Sprüngli, der Gründer der Dynastie, 1892 aus dem Geschäft zurückzog, übergab er - wie oben geschildert - dem jüngeren seiner beiden Söhne, David Robert, seine beiden Konditoreien, dem älteren, Johann Rudolf, die damals in der Werdmühle gelegene Schokoladenfabrik.

Da die Expansion an diesem Standort eingeschränkt war, eröffnete Johann Rudolf 1899 in Kilchberg eine neue Fabrik. Im selben Jahr kaufte er die Schokolade-Manufaktur von Rodolphe Lindt. In den dreißiger Jahren war man klug genug, dem Namen Lindt Priorität einzuräumen, da dieser Markenname nicht nur englisch oder französisch besser auszusprechen ist, sondern auch

Die Schweizer sind im jährlichen Pro-Kopf-Verbrauch von Schokolade führend.

besser im Gedächtnis haften bleibt, heißt es in einem Geschäftsbericht des Unternehmens. Übrigens schreiben alle Schweizer Produzenten, auch die mit deutschen Namen, im Firmennamen immer »Chocolat«, nie »Schokolade«.
Die Firmengruppe erzielte 1994 einen Nettoumsatz von 863,9 Millionen Schweizer Franken und ist ein globaler Konzern, zu dem in Italien Bulgheroni SpA und in Österreich Hofbauer & Co. gehören. Tochtergesellschaften gibt es auch in Deutschland, Frankreich, Spanien, Portugal, Großbritannien, den USA, in

Alle Schweizer Produzenten schreiben im Firmennamen immer »Chocolat«, nie »Schokolade«.

Hongkong und in Polen. Das ist nicht gerade wenig, wenn auch die fünf Marktführer im Schoko-Business Nestlé, Mars, Morris, Hershey und Cadbury dagegen Riesen sind.
Solche Internationalität ist aber ganz selbstverständlich für die Schweizer Schokoladeindustrie. Auch eine kleinere Firma wie Maestrani in St. Gallen, die siebzig Prozent ihrer Produktion auf dem Inlandsmarkt absetzt, exportiert in alle fünf Kontinente, und man kann ihre Produkte in Französisch-Polynesien ebenso kaufen wie in Guatemala, Nepal oder Äthiopien. Das gilt übrigens nicht nur für die Industrie, sondern auch für eine Confiserie wie Teuscher in der Zürcher Bahnhofstraße, ein paar hundert Meter von Sprüngli entfernt, auf der anderen Straßenseite. Teuscher ist berühmt für seine Dekorationen. Der polnische Schriftsteller Zygmunt Dzieciolowski schrieb 1988 im Magazin des *Zürcher Tagesanzeigers*: »Nur in einem Land, wo vielen Leuten nichts mehr fehlt, konnte die Idee einer Schokoladeboutique wie die von Teuscher geboren und verwirklicht werden.«
Die Spezialität des Hauses, die köstlichen Champagnertrüffel, kann man ebenso wie andere Leckereien von Teuscher auch in der Orchard Road in Singapur, in Beverly Hills, Tokio, Toronto oder in der 5th Avenue in New York kaufen.
Kleinere Unternehmen versuchen, Marktnischen zu finden: Ein

Confiseur in Rapperswil stellt besonders feine Pralinen für Diabetiker her, eine Firma in Zug hat sich auf die Herstellung von *Schoggitalern* und *Schoggimünzen* verlegt. Sogenannte »Fair-Trade-Schokolade«, wie etwa die der Chocolat Bernrain AG in Kreuzlingen, kommt ohne Emulgatoren, Zusatz- und Aromastoffe aus.
Apropos Zusatzstoffe: Am 1. Juli 1995 trat in der Schweiz ein neues Lebensmittelgesetz in Kraft, das die Zugabe von maximal fünf Prozent anderen Pflanzenfetten als Kakaobutter zu Schokoladen gestattet. Diese Verordnung bezüglich Fremdfetten löste in

Seit Juli 1995 gibt es in der Schweiz ein neues Lebensmittelgesetz, das die Gemüter in Wallung brachte.

dem traditionsbewußten Land eine heftige Debatte aus. Chocosuisse erklärte, sie habe sich zwar schon lange für die Verwenaung anderer Fette als Kakaobutter zur Schokoladeherstellung ausgesprochen, aber nur bei einer gleichzeitigen »weitgehenden europäischen Harmonisierung in diesem Bereich«. Als 1994 abzusehen war, daß es nicht dazu kommen würde, empfahl die Vereinigung, die Bestimmung vorläufig nicht in Kraft zu setzen.
Die Empfehlung nützte nichts, und die Chocosuisse stellte im März 1995 klar: »Jeder Hersteller ist frei, wie bisher ausschließlich Kakaobutter einzusetzen. Die schweizerische Schokoladeindustrie wird von der neuen Möglichkeit der Pflanzenfettfreigabe nur sehr begrenzt Gebrauch machen. Traditionelle Rezepturen werden mit Sicherheit nicht verändert. Die in Frage kommenden Pflanzenfette sind qualitativ hochwertig und entsprechend teuer. Sie besitzen teilweise besonders gesuchte Eigenschaften und sind deshalb vor allem für die Entwicklung neuartiger Erzeugnisse wie zum Beispiel hitzebeständigerer Schokoladesorten interessant.«
Unseren Espresso haben wir mittlerweile ausgetrunken und das Kirschtörtchen verspeist. Falls wir nicht nochmals zum Büffet gehen, um uns an einer weiteren Leckerei gütlich zu tun, werfen wir noch einen letzten Blick in die Runde, schließlich sind wir

hier in einer Institution, einem Wahrzeichen, das ebenso untrennbar mit der Stadtgeschichte verbunden ist wie das Großmünster oder das Sechseläuten.
1859 war bei der Übersiedelung von der Marktgasse in das neue Haus am Paradeplatz ein langer Zug von Konditoren und Lehrlingen mit Sack und Pack quer durch die Stadt marschiert, hundert Jahre später gab es eine Wiederholung als Festumzug, wofür die ganze Stadt auf den Beinen war.

Eine amerikanische Familiensaga

Frischmilch verleiht der Schokolade einen besseren Geschmack und eine längere Haltbarkeit.

ALS MILTON HERSHEY 1893 ANKÜNDIGTE, er werde jetzt ins Schokoladegeschäft einsteigen, war das Produkt nicht gänzlich neu für ihn. Seine Bonbonfirma machte über eine Million Dollar Umsatz im Jahr - für 1893 eine sehr beachtliche Zahl - und zwei ihrer Hauptprodukte waren mit Schokolade aromatisierte und in Schokolade getunkte Karamellen. Neu war für ihn nur die deutsche Maschinerie, die er auf der Ausstellung in Chicago gesehen hatte. In jenem Jahr war der amerikanische Jahresimport an Kakaobohnen auf 12.000 Tonnen gestiegen - zehn Jahre zuvor waren es noch 4.500 gewesen. Es war klar, daß Hershey recht hatte, wenn er der Meinung war, Schokolade werde zum großen Geschäft.

Er kaufte die Demonstrationsanlage - Röster, Mahlwerk, Mixer, Gußformen - und verfrachtete sie in seine Fabrik in Lancaster, Pennsylvania. Jetzt produzierte er seine eigene Schokolade zur Aromatisierung und für den Überzug seiner Bonbons, und soviel über diesen Bedarf hinaus, daß er 1894 mit einer eigenen Schokoladeproduktlinie beginnen konnte. Kochschokolade war leicht herzustellen, aber er wollte auch Milchschokolade zum unmittelbaren Verzehr erzeugen. Einen Sommer lang besuchte er deutsche und Schweizer Schokofirmen, die Milchschokolade herstellten, aber er konnte keine Rezepte in Erfahrung bringen.

Bei seinen eigenen Experimenten setzte er auf die Verwendung von Frischmilch statt Milchpulver, denn er dachte, sie würde der Schokolade einen besseren Geschmack und eine längere Haltbarkeit verleihen. Er fand das richtige Verhältnis heraus: Wie er die Milch kondensieren mußte, wie der Zucker beizugeben war, welche Arten Kakaobohnen gemischt werden mußten, wie lange man sie röstete, die richtige Dauer des Conchierens ... Allmählich entwickelte Hershey das spezielle Verfahren, mit dem der berühmte Hershey-Riegel hergestellt wurde. Ebenso ging es mit seinem Pendant, dem Milchschokolade-Mandel-Riegel, der bald folgte.

Hersheys neue Schokoladeprodukte verkauften sich um 1900 so

gut, daß er sich zu einer kompletten Umstellung entschloß. Er verkaufte die Bonbonfabrik für eine Million Dollar, und die neuen Besitzer waren damit einverstanden, ihm einen Flügel der Fabrik für seine Schokolade zu überlassen. Aber er hatte noch ein weiteres Produkt in petto. Aus dem Pulver, das bei der Erzeugung von Kakaobutter für Schokolade übrigblieb, entstand Hersheys Kakao.

Die Werbung dafür war sehr einfach. Er bestellte in New York ein Elektroauto, das erste, das man in Lancaster zu Gesicht bekam, und bezahlte zweitausend Dollar dafür. Wenn das Auto, prächtig mit Hersheys Namen bemalt, durch Pennsylvania fuhr, zog es unweigerlich die Blicke der Menschen auf sich. Es erreichte eine Spitzengeschwindigkeit von fünfzehn Stundenkilometern und deshalb schrieben die Zeitungen: »Der Wagen ist leicht zu lenken, vorausgesetzt, der Fahrer behält die Nerven.«

Als die alte Fabrik zu klein wurde, baute Hershey eine neue - und eine Stadt gleich dazu.

Als der zur Verfügung gestellte Gebäudeflügel für Hershey zu klein wurde, hatte er eine Idee. Er würde eine Fabrik bauen, aber - und das war ungewöhnlich für die damalige Zeit - nicht in einer Stadt, sondern auf dem Land, im Pennsylvania-Dutch-Gebiet, von wo er stammte. Im Januar des Jahres 1903 kaufte er ein Stück Land in der Nähe eines Dorfes namens Derry Church. Er brauchte Platz, denn er wollte nicht bloß eine Fabrik herkömmlichen Stils, sondern eine komplette Stadt bauen.

Sein Plan hatte zwei Eckpunkte. Erstens natürlich die Schokoladeerzeugung. Hershey wollte Schokolade in einer solchen Menge erzeugen, daß die Verkäufe den Hershey-Riegel für jedermann erschwinglich machen würden. Der zweite Eckpunkt war die Stadt. Sie sollte eine Heimat für Hersheys Fabrikpersonal werden. Keiner sollte sich jedoch gezwungen fühlen, hier zu wohnen. Hershey selbst überwachte die Errichtung der Anschlüsse für Wasser und Kanalisation und kümmerte sich darum, daß Buslinien zu den nächstgelegenen Städten führten, so daß seine Arbeiter auch woanders wohnen und ihren Arbeitsplatz um einen Nickel im Pendelverkehr erreichen konnten.

Unmittelbar neben der Stadt plante Hershey Vergnügungspark, Zoo, Golfplatz, Footballfeld, Tanzpavillon und ein Freilichtvaudeville. Den krönenden Abschluß bildete der durchdringende Geruch nach Schokolade von der Fabrik, die das Herz von alldem darstellte. Daß die Stadt schließlich den Namen ihres Gründers erhalten sollte, schien nur angemessen - eben so, wie man ein Kind nach dem Vater benennt.

Die neue Schokoladefabrik begann mit der Produktion im Jahre 1905 als »vollständigste ihrer Art auf der ganzen Welt«, wie das *Confectioners' Journal* bemerkte. Fast augenblicklich wurde aus dem Hershey-Milchschokolade-Riegel genau das, was sich sein Schöpfer von ihm versprochen hatte: Er war überall für wenig Geld erhältlich und wurde vom Publikum in einem Ausmaß angenommen, daß keine andere Schokolade damit konkurrieren konnte. Hershey brauchte nicht einmal zu inserieren. »Gebt den Leuten Qualität«, sagte er. »Das ist die beste Art von Werbung auf der ganzen Welt.« Die Gesellschaft folgte seinem Rat und verzichtete auf Anzeigenwerbung – bis zum Jahr 1968, als sie auf den Druck konkurrenzierender Marken reagieren mußte.

»Der Wagen ist leicht zu lenken, vorausgesetzt, der Fahrer behält die Nerven.«

1907 kamen Hershey's Kisses hinzu, Milchschokopralinen in Silberfolie. Aber die markanten kleinen blauweißen Lichtstrahlen erschienen nicht vor 1921 auf der Folie. Auch diese »Küsse« waren ein schneller Erfolg, obwohl sie keine ganz neue Idee waren. Wilbur, eine andere Firma aus Pennsylvania, stellte seit 1893 sogenannte »Buds« her, die den *Kisses* in Größe und Form sehr ähnlich und ebenfalls in Silberpapier gewickelt waren. Aber die »Küsse« wurden zusammen mit den Riegeln vertrieben und brachten Hershey ein Vermögen ein. Heute stößt die Firma fünfundzwanzig Millionen Stück pro Tag aus.

Die Stadt wurde erbaut und war bald von geschäftigen Einwohnern besiedelt. 1908 war das großzügige Herrenhaus fertig, das Hershey für seine Frau und sich selbst auf einer Anhöhe erbaut hatte, die durch einen Bach von der Fabrik getrennt war.

Die Stadt Hershey wurde im Laufe der Jahre immer größer.

Da Hershey und seine Frau Catherine kinderlos waren, stimmten sie darin überein, einen Teil des neuerworbenen Reichtums dafür auszugeben, bedürftigen Waisen zu helfen. Hershey war kein Quäker wie die Cadburys. Vielleicht ermutigte ihn seine mennonitische Herkunft, einen Teil seiner immensen Einkünfte für wohltätige Zwecke zu verwenden. Jedenfalls erwarben er und seine Frau 1908 zweihundert Hektar umliegendes Land und beauftragten die Hershey Trust Company mit der Errichtung eines Heimes und einer Schule für arme Jungen. Hier lernten die Jugendlichen Farmarbeit und handwerkliche Tätigkeiten, mit denen sie später ihren Lebensunterhalt bestreiten konnten. Nach und nach weitete die Milton Hershey School ihr Lehrangebot aus: Die Anzahl der Studenten wuchs auf 1.300 Jungen und Mädchen an. Um die Zukunft dieser Institution zu sichern, legte Hershey 1918 die Funktionen des Aufsichtsrates seiner Schokoladefirma in die Hände des Trusts, der die Schule verwaltete.

Natürlich behielt er sich das Recht vor, in letzter Instanz selbst zu entscheiden. Er war einfach nicht der Typ, der stillsitzen konnte. 1916 meinte er, daß er einen direkten Einfluß auf die Zuckerfabrikation haben sollte, nachdem dieser Rohstoff so entscheidend für die Schokoladeherstellung geworden war. Er kaufte Zuckerrohrfelder auf Kuba, baute Zuckermühlen und eine eigene Eisenbahn zu ihrer Erschließung. Hershey lief zur alten Form auf, indem er eine kleine Stadt aus Arbeitersiedlungen um seine erste Raffinerie aufzog. Sie war in einem hübschen karibischen Stil erbaut mit leuchtend pastellfarbenen Häusern und tropischer Flora über den hölzernen Gehsteigen. Auch sie wurde mit Schulen und Kliniken, Golfplatz und einem Baseballcenter ausgestattet.

Dann richtete sich Hersheys Aufmerksamkeit von seiner Zuckerstadt wieder auf die Schokoladefabrik. Mitte der zwanziger Jahre ging *Mr. Goodbar*, der berühmte Milchschokoladeriegel mit Erdnüssen, in Produktion, bald gefolgt von Hersheys »Schoko-Soda-Sirup«. 1930 machte die Große Depression dieser Erfolgsserie ein Ende. Sie sollte sich allerdings auf anderem Gebiet fortsetzen.

Die Stadt Hershey hatte mittlerweile mehr Einwohner als die 6.000 Fabrikarbeiter und ihre Familien. Aber für den Patriarchen Hershey waren es alles »seine« Leute. Er stürzte sich in eine rege Bauaktivität, die einerseits Arbeitsplätze schuf, während andererseits die Lohnkosten in Zeiten der Wirtschaftskrise für Bauherren recht günstig waren. Mit dem Ende der Bautätigkeit war auch die Depression vorüber, und Hershey ruhte sich aus. »Nicht ein Mann wurde in Hershey wegen der Depression entlassen«, sagte er zufrieden. »Und kein einziges Gehalt wurde gekürzt.«

Milton S. Hershey starb 1945 im Alter von 88 Jahren, und die Erben arbeiteten in seinem Geist weiter. Sie bauten ein Kongreßzentrum und ein großes Motel. Der Vergnügungspark hatte mit einem Ruderbootrundkurs und Promenadenkonzerten begonnen und verwandelte sich allmählich in eine Art Disneyland mit zeitgemäßen Achterbahnen.
Die Gemeinde Hershey hat mittlerweile 18.000 Einwohner und riecht noch immer nach Schokolade, weil der Duft von der Fabrik herüberweht. Aber sie ist keine Spielzeugstadt, sie unterhält eine Orchestergesellschaft, ein Streicherensemble, eine Ballettschule, richtet auf ihren Golfplätzen Wettbewerbe aus, hat zwei preisgekrönte Sendestationen - eine Radio- und eine TV-Station - sowie das Milton S. Hershey Medical Center of Pennsylvania State University. Es ist mit einer 50-Millionen-Dollar-Spende der Hershey Chocolate Corporation 1963 gebaut worden und enthält eine erstklassige Universitätsklinik und verschiedene Forschungseinrichtungen.
Die Handelsgesellschaft, die das Center gegründet hat, übernahm 1927 die Kontrolle über die Schokoladeerzeugung. Da die Tätigkeiten seither vielfältiger geworden sind, änderte man 1968 den Namen in Hershey Foods Corporation, deren größte Abteilung die Chocolate Company ist. Die Trust Company kümmert sich jetzt nur um den Fonds der Milton Hershey School. Eine weitere Organisation namens HERCO - Hershey Entertainment and Resort Company - managt verschiedene Touristenattraktionen und andere Geschäfte in der Stadt. Das alles fügt sich zu einem imposanten Konzern zusammen. Das Unternehmen, das im Seitenflügel einer Bonbonfabrik begann, ist heute auf der Liste des Magazins *Fortune* eine der 500 größten Gesellschaften der USA.

Der Firmengründer mit einem seiner Schüler.

Süßigkeiten

Ob die Schweizer oder die Engländer die ersten waren, die gefüllte Riegel herstellten, ist nicht vollständig geklärt.

RIEGEL SIND DIE EINFACHSTEN SÜSSIGKEITEN, die sich aus Schokolade herstellen lassen.

Wir haben die Schokolade verlassen, als sie, conchiert und gemischt, eher zäh, aber doch noch flüssig war, also genau die richtige Konsistenz zur Weiterverarbeitung hatte. Nun kommt sie in eine Gießmaschine, die sich über einem Laufband mit riegelförmigen Vertiefungen befindet und eine Vertiefung nach der anderen füllt. Ob nun Nuß- oder Rosinenriegel gemacht werden oder mit Kaffee oder Orangen aromatisierte, der Zusatz wird immer beigemischt, bevor die Masse in die Gießmaschine kommt. Die gefüllten Vertiefungen gelangen auf eine Klopf- und Rüttelbahn, damit die Schokolade ganz ebenmäßig verteilt wird und alle Luftblasen entfernt werden. Danach kommen die Formen in einen Kühltunnel, in dem die Schokolade gehärtet wird. Anschließend werden die kompakten Riegel aus den Formen geschüttelt und zur Packmaschine geschickt.

Schokoriegel können auch mit Fondant oder mit einer Flüssigkeit gefüllt werden; vor allem in Europa verwendet man dazu gerne Liköre und Fruchtbranntweine. Die Schweizer behaupten, daß Jules Séchaud in Montreux 1913 der erste Erzeuger von gefüllten Riegeln gewesen sei. Die Engländer verweisen auf den mit Schokoladecreme gefüllten Riegel namens *Chocolate Cream* der Fry Company, der in den siebziger Jahren des 19. Jahrhunderts herauskam und, wie sie meinen, »einen starken Anspruch darauf hat, der erste zu sein«. Der *Chocolate Cream* ist immer noch auf dem Markt, seit Cadburys Fusion mit Fry unter dem Markennamen Cadbury.

Die Prozedur für gefüllte Riegel ist ähnlich der für normale, nur die Gußformen sind ein bißchen tiefer. Nach der Füllung werden sie gewendet, so daß ein bißchen Schokolade herausrinnt und nur eine dünne Schokoladeschicht an den Wänden der Form zurückbleibt. Nachdem die Schokolade gehärtet ist, kommt sie zur nächsten Maschine, welche die Creme oder die Flüssigkeit einfüllt. Nach nochmaligem Härten gießt man schließlich eine

dicke Schokoschicht - die dann der Boden des Riegels sein wird - über die Füllung, bevor die Riegel ein letztes Mal in den Kühltunnel kommen und verpackt werden.
Pralinen, die kleinen Süßigkeiten, die eine Schachtel ausgewählter Schokolade füllen, wurden lange Zeit von Hand getunkt. In den späten sechziger Jahren des 19. Jahrhunderts begannen Konditoren, ein gehärtetes Stück Fondantcreme mit Schokolade zu überziehen, zuerst nur als eine Möglichkeit, dem Fondant eine Form zu geben, damit man ihn problemlos in die Hand nehmen konnte. Als sich herausstellte, daß diese Kombination bei den Kunden gut ankam, begannen die Konditoren, Nüsse, Früchte, Nougat und Karamellen in Schokolade zu tunken.

Handgetunkte Pralinen, Trüffel oder Karamellen sind bei Kennern eine begehrte Delikatesse.

Das Tunken von Hand wurde eine kleine Kunst: Man mußte wissen, wie man die Füllung fassen und so in der flüssigen Schokolade drehen konnte, daß die Hülle genau so dick oder so dünn war, je nach dem wie man es wünschte. Für die Massenproduktion war diese Produktionsweise allerdings nicht geeignet. Um 1900 wurde in Frankreich eine Überzugsmaschine erfunden, die diese Arbeit schneller und billiger machte und den Preis der Pralinen entsprechend senkte. Maschinelles Überziehen ist immer noch die wirtschaftlichste und folglich auch die populärste Methode des Ummantelns einer Fülle mit Schokolade. Das Verfahren wird vor allem für Bonbons angewendet.
In der Konsistenz härtere Füllungen werden in besonderen Maschinen geschnitten oder geformt, dann mittels Förderband durch die Überzugsmaschine geschickt, wo sie mit Schokolade übergossen werden. Oft durchlaufen die Füllungen den Vorgang zweimal, um eine ganz glatte Oberfläche zu erzielen. Bessere Schokoladen transportiert das Förderband als nächstes unter Düsen, die verschiedene Muster aufspritzen, manchmal mit verschiedenfarbiger Schokolade.
Jahrzehntelang verwies der Aufdruck »handgetunkt« auf bessere Schokoladequalität mit dickerem, weicherem Überzug. Viele Leute glauben immer noch, daß das so ist, und bevorzugen handgetunkte Pralinen von einem besonderen, meist kleinen Schokoladeerzeuger. Tatsächlich können heute Automaten den Überzug genauer kontrollieren als ein menschlicher Tunker.
Auch flüssige Füllungen können ummantelt werden. Dazu wird eine Mischung aus heißem Zuckersirup und Likör oder Fruchtsaft in kleine Vertiefungen gegossen, deren Oberflächen mit Stärkepulverpapier ausgelegt sind. Nach einem oder zwei Tagen löst sich der Zuckersirup ab und härtet, wobei er den Likör oder Saft einschließt. Die jetzt festen Füllungen werden von den Stärkeblättern abgehoben und zur Überzugsmaschine gebracht.

Teurere Pralinen werden ähnlich wie gefüllte Riegel in Vertiefungen gegossen. Die Formen haben die Umrisse von Blumen, Muscheln und ähnlichem. Dadurch werden die Oberflächen der Süßigkeiten ausgeformt, während die Böden natürlich flach sind. Noch ambitionierter sind Schokoladeprodukte, die auf beiden Seiten unregelmäßig geformt sind. Unabhängig voneinander werden sie in zwei Formen gegossen. Die fertigen Hälften werden gefüllt, die Kanten leicht erhitzt und beide zusammengebracht, bis sie verschmelzen. Anschließend wird alles gekühlt. Schokoladefiguren - Osterhasen oder Weihnachtsmänner - werden ebenfalls durch die Verschmelzung zweier Hälften erzeugt. Eine andere Methode ist das Gießen mittels einer Zentrifuge, die beispielsweise bei Osterhasen angewendet wird. Die abgekühlten Figuren können entweder leer gelassen werden, oder man füllt sie durch eine kleine Öffnung mit Fondantcreme und verschließt danach das Loch mit einem Tropfen flüssiger Schokolade, der natürlich ebenfalls bei Abkühlung härtet.

Das 20. Jahrhundert brachte Innovationen in der Erzeugung von Schokoriegeln und Pralinen.

Das 20. Jahrhundert brachte Innovationen hinsichtlich der Erzeugung von Schokoriegeln und Pralinen. Außerdem kam es zu regionalen Veränderungen beim Schokoladekonsum. Die Spanier, die diesbezüglich so lange führend gewesen waren, wurden in den ersten Jahren des 20. Jahrhunderts von den Deutschen, den Amerikanern, Franzosen und Briten im Pro-Kopf-Verbrauch überholt. Bald kamen auch die Schweizer dazu. Der Qualitätsstandard der Schweizer Schokolade war bald so hoch, daß schweizerische Unternehmen auf jeder internationalen Ausstellung Goldmedaillen gewannen. »Schokolade« wurde bald zum Synonym für die »Schweiz« schlechthin. In einer berühmten Operette des Wiener Komponisten Oscar Straus von 1908 wird der Held, ein Schweizer Söldner, als »Schokoladesoldat« bezeichnet - eine ironische Anspielung auf seine Herkunft.

Auf dem Gebiet des Tanzes freilich wurde Schokolade zumindest in einer Hinsicht noch immer mit Spanien assoziiert. In den achtziger Jahren des 19. Jahrhunderts hatte der Choreograph Marius Petipa in Rußland das »Nußknacker«-Ballett geschaffen und André Tschaikowsky dazu die Musik komponiert. Petipa ließ darin verschiedene Weihnachts-Süßigkeiten durch Tänzer darstellen. Ein Jahrhundert später wurde die Komposition von dem Choreographen Georges Balanchine interpretiert. Sein *Nutcracker* für die New York City Ballet Company war jahrelang eine wahre Weihnachtsdelikatesse. Mit seinem starken russischen Akzent sagte Balanchine 1980 einem Reporter der *New York Times*: »Petipa ließ die Schokolade spanisch tanzen, weil es die Spanier waren, die kamen und die Schokolade fanden.«

Die Schweizer Firma Tobler kam Anfang des 20. Jahrhunderts mit einem europäischen Gegenstück zum Hershey-Riegel auf den Markt. *Toblerone* wird heute in über hundert Ländern einschließlich der USA verkauft. Sie wurde 1908 erfunden, als Theodor Tobler, der Sohn des Firmengründers, durch seinen Cousin Emil Baumann auf eine Idee gebracht wurde. Die beiden Männer werkelten eines Abends in Toblers Küche herum, wobei sie Milchschokolade mit Honig und Mandeln mischten. Sie nannten ihre Kreation *Toblerone*, zu Ehren der Schokolade und

Die Toblerone ist auch heute noch ein Bestseller im Schokoladepantheon.

des *torrone*, dem volkstümlichen italienischen Konfekt aus Honig und Mandeln. Wohl die Gipfel der Alpen vor Augen formten sie die *Toblerone* als eine Reihe an der Basis miteinander verbundener Dreiecke. Ohne Zweifel dachten sie dabei aber auch an die günstige Teilbarkeit; jeder kleine Schokoladeberg konnte als Stückchen mit der richtigen Größe für einen Bissen abgebrochen werden.

Das ganze Konzept – Geschmack, Form und Name – war so einzigartig, daß Tobler und Baumann es patentieren ließen, womit sie die ersten waren, die ein Schweizer Patent für Schokoladedesign erhielten. Heute gibt es die *Toblerone* in drei Varianten: die originale mit Milchschokolade, eine zartbittere und eine weiße.

Die *Toblerone* ist der Bestseller in Toblers ansehnlicher Produktpalette, und die 7,5-Kilo-*Toblerone* hat es geschafft, als der größte regulär hergestellte Schokoladeriegel auf der Welt in das *Guinness Buch der Rekorde* aufgenommen zu werden. Aber jede Schweizer Schokolade verkauft sich gut. Heute gehen über 19.000 Tonnen pro Jahr ins Ausland, nahezu 9.000 werden im Inland verspeist.

In Italien begann 1907 die bereits für ihre Pasta bekannte Familie Buitoni in der kleinen Stadt Perugia ihre Perugina-Schokolade herzustellen. Von ihren vielen erfolgreichen Kreationen sollte letztendlich eine ein internationaler Erfolg werden. *Baci* - das Wort bedeutet »Küsse« - sind in blaue, sternenbesäte Silberfolie eingewickelt. In der Schokolade befinden sich ganze und gehackte Haselnüsse, die von einer weichen Schokomoussefüllung umgeben sind. Sie haben ihren Ursprung in einer Liebesaffäre, die Giovanni Buitoni in den dreißiger Jahren mit einer älteren Frau hatte. Der einzige Weg, wie sie miteinander in Verbindung treten konnten, war über die hausgemachten Süßigkeiten, jede eingewickelt in eine Liebesbotschaft. Auch heute werden die *Baci* in viersprachige individuelle Liebesbotschaften gehüllt, um an Giovanni Buitonis einzigartige Liebelei zu erinnern.

Die »Baci« erinnern an eine Liebsaffäre Giovanni Buitonis mit einer älteren Frau.

In England vermarktete Cadbury seine Schokolade mit Werken der Bildenden Kunst. Unter den Anweisungen eines aus Frankreich importierten Confiseurs hatte die Gesellschaft in den achtziger Jahren des 19. Jahrhunderts mit der Herstellung von gemischten Pralinen begonnen. Der Gründer John Cadbury hatte sich längst zurückgezogen und das Geschäft seinen Söhnen Richard und George überlassen. Richard, ein begabter Amateurmaler, kreierte eine Serie schöner Schachteln für Cadburys feine neue Pralinen. Es waren die ersten Schachteln, die ausschließlich zu diesem Zweck geschaffen wurden, und manche von ihnen waren mit Richard Cadburys eigenen Gemälden geschmückt.

Während der neunziger Jahre und zu Beginn des neuen Jahrhunderts wurden die Schachteln immer opulenter, waren aus Plüsch gemacht oder mit Seide oder Satin ausgeschlagen, weil sie zur Aufbewahrung von Taschentüchern oder Handschuhen gedacht waren, nachdem man den köstlichen Inhalt gegessen hatte. Im Laufe der nächsten Jahre verschwanden die Plüschwunder allerdings wieder und wurden durch Kartonverpackungen ersetzt. Extravagant verpackte Pralinen sollten zu einer anderen Zeit und an einem anderen Ort wieder auftauchen.

Cadbury führte 1914 seinen niedrigpreisigen *Milk Tray* ein, bis heute das populärste englische Sortiment. In den Vereinigten Staaten tat Whitman dasselbe. Die Firma hatte 1842 als Zuckerwarenladen in Philadelphia begonnen, spezialisierte sich aber bald auf Schokolade. 1912 brachten sie ihr billiges *Sampler-*

Sortiment auf den Markt, das zur verbreitetsten Pralinenschachtel im Land werden sollte. Die *Sampler*-Packung war mit einer Karte versehen, die genau anzeigte, wo man was fand: die Himbeercreme da, die Nußfüllung dort. Das war eine Wohltat für die Pralinenesser und ein kommerzieller Geniestreich.
Whitman importierte seine eigenen Kakaobohnen und machte eigene Schokolade, was ein weiteres Aushängeschild der Firma war. Dazu kam der bis dahin außergewöhnliche Verteilungsplan: Sie verkauften ihre *Sampler*-Packungen in steigender Anzahl in Drugstores - Drugstores mit dem Geruch von Vanilleeis in der Luft hatten *Sampler*-Sortiments im Schaufenster.

Suchard eröffnete zwischen 1888 und 1909 Produktionsstätten unter anderem in Österreich, Frankreich und den USA.

Andere amerikanische Schokolademarken wurden in eigenen Läden der Erzeuger verkauft. Fanny Farmer beispielsweise, eine US-weite Ladenkette, begann 1910. Sie hatte aber mit Fannie Farmer, der Autorin eines berühmten Kochbuchs und Gründerin der Boston Cooking School, nichts zu tun. Der Name der Läden, in dem »Fannie« ein wenig abweichend geschrieben wurde, war nur ein Tribut des Besitzers Frank O'Connor, eines Zuckerbäckers, der Fannies Werk sehr schätzte. Der Slogan »An Ort und Stelle erzeugt« galt nur für bestimmte Arbeitsvorgänge. Jede Firma hatte in der guten alten Zeit mindestens einen lokal geschätzten Hand-Tunker, aber die Räumlichkeiten waren zu klein, um selbst Kakaobohnen zu importieren und in Schokolademaschinen zu investieren, wie es Whitman tat. Die meisten Pralinenerzeuger, sogar die große Fanny-Farmer-Kette, verarbeiteten Schokolade, die sie in Blöcken von Unternehmen wie Guittard an der Westküste oder Nestlé an der Ostküste kauften.
Nestlé hatte sich über die Schweiz hinaus ausgedehnt. Seit der Jahrhundertwende produzierte die Firma in Hudson, New York, Schokolade für Amerika nach Schweizer Rezept. Darüber hinaus eröffnete Nestlé Fabriken in fünfzig weiteren Ländern. Schließlich expandierte das Unternehmen so, daß es heute der größte Lebensmittelkonzern der Welt ist. Eine andere Schweizer Firma, Suchard, eröffnete zwischen 1888 und 1909 Produktionsstätten in Österreich, Frankreich und Spanien und gründete im Laufe der Jahre Filialen in über einem Dutzend Ländern, darunter die USA.
Die Schokoladeproduktion, die in kleinen Läden und einfachen Wassermühlen begonnen hatte, wurde zu einer durchindustrialisierten Angelegenheit von Konzernen, Firmenzusammenschlüssen und internationalen Tochterfirmen. Sprüngli kaufte Lindt, die Erfinder des Conchierens, für damals verblüffende eineinhalb Millionen Schweizer Franken. Cailler, die erste Schweizer Schokoladefabrik, fusionierte 1911 mit Nestlé, bestand aber dem

Namen nach in der Nestlé-Schoko-Produktion weiter. Tobler verband sich 1970 mit Suchard und verfolgte die eigene Qualitätslinie auch unter dem gemeinsamen Firmenmantel. In England vereinigte sich die Fry Company – die ersten Produzenten von Eßschokolade – 1918 mit Cadbury. 1911 wurde in Holland die riesige De Zaan Company gegründet. Sie gab aber elf Jahre später die Schokoladeerzeugung zugunsten einer Konzentration auf die Kakaoherstellung auf und wurde 1964 von der amerikanischen Gesellschaft W. R. Grace aufgekauft. Das

Cadbury führte 1914 seinen Milk Tray ein, bis heute das populärste englische Sortiment.

Management ist aber bis heute holländisch. All diese Aktivitäten wurden vom süßen Zahn der Zeit in Bewegung gesetzt. Der Lauf der Weltgeschichte sollte sie nun für einige Jahre außer Gefecht setzen.

Vom Ersten zum Zweiten Weltkrieg

In dem Roman Ulysses spielt beim Treffen der beiden Helden Kakao eine zentrale Rolle.

IM JAHRE 1914 BEENDETE DER AUSBRUCH des Ersten Weltkriegs die Dekaden der industriellen Expansion. Die Schweizer Gesellschaften wurden durch plötzlich erlassene Exportverbote behindert. Schokolade selbst erfuhr eine Mobilmachung.

Notfallrationen für amerikanische Soldaten auf Patrouille oder Außenposten beinhalteten Schokolade-Zucker-Riegel. Das Problem war, daß die Männer sich die Riegel selten für einen künftigen Notfall aufsparten, sondern die wohlschmeckende Ration meist sofort hinunterschlangen. Manche sparten sich ihre Schokolade auf oder verschafften sich Extraportionen, die sie an die hungernde lokale Zivilbevölkerung weitergaben.

Ernest Hemingway schrieb in seiner Kurzgeschichte *A Way You'll Never Be* über einen Amerikaner in Uniform, der zur verbündeten italienischen Armee vorausgeschickt wird - als Zeichen, daß die amerikanischen Truppen im Anmarsch seien. Zum Beweis, daß er Amerikaner sei, sollte er eine Tasche voll Schokolade dabei haben, die er »mit einem freundlichen Wort und einem Schulterklopfen verteilen« könnte.

Ernest Hemingway ist neben James Joyce einer der bekanntesten englischen Prosaisten des 20. Jahrhunderts. In einer Szene des Romans *Ulysses* treffen sich die beiden parallelen Helden Stephen Dedalus und Leopold Bloom das einzige Mal im ganzen Roman, wobei eine Tasse Kakao eine Schlüsselrolle spielt. Joseph Campbell, ein ausgezeichneter Kenner des Joyceschen Werkes, beschreibt diese Szene so:

»Stephens kurzer Impuls von Mitleid für den gekränkten älteren Bloom und dessen entsprechendes Gefühl für den von einem Soldaten auf der Straße niedergestreckten Jugendlichen unterbricht die Schreckensherrschaft des Todesgesetzes im Leben beider, und jeder gibt dem anderen in der wechselseitigen kurzen sympathetischen Kameradschaft der folgenden zwei Nachtstunden - dem einzigen vollständig undefensiven Moment im Verlauf des langen Tages der beiden - den Schlüssel für die Lösung der jeweils ausweglosen Lage ... Als Stephen niedergeschlagen wurde, wurde er von Bloom gerettet und umsorgt, der ihm zur Wiederherstellung in der Küche eine Tasse Kakao anbietet ...«

Im Roman selbst hat Joyce die Szene folgendermaßen gestaltet:

»Er gab in zwei Teetassen je zwei gestrichene Teelöffel, mithin vier insgesamt, von Epps' leichtlöslichem Kakao und verfuhr gemäß der auf dem Etikett gedruckten Gebrauchsanweisung, indem er einer jeden nach für die Infusion genügender Zeit die für die Diffusion vorgesehenen Ingredienzien in der vorgeschriebenen Art und Menge hinzutat.

Die Goldenen Zwanziger waren das Zeitalter des gefüllten Riegels.

Inwiefern gab der Gastgeber seinem Gaste übergebührliche Beweise besonderer Gastfreundschaft?

Indem er sich seines symposiarchalen Rechtes auf die ihm von seiner einzigen Tochter Millicent (Millie) geschenkte Schnurrbarttasse aus imitiertem Crown Derby begab, dieselbe durch eine mit derjenigen seines Gastes identische Tasse ersetzte ....

Wurde der Gast sich dieser Beweise der Gastfreundschaft bewußt und würdigte er dieselben?

Seine Aufmerksamkeit wurde vom Gastgeber selbst im Scherz auf sie gelenkt, und er nahm sie mit Ernst entgegen, indessen sie in ernster Stille Epps' Massenprodukt tranken, den sahnungsvollen Kakao.«

Ulysses ist ein verworrenes Porträt des Lebens der Dubliner Mittelklasse während eines einzigen Tages des Jahres 1904. Joyce arbeitete an dem Roman von 1914 bis 1921. Daß er Kakao zum zeremoniellen Getränk in einer bedeutsamen Begegnung machte, ist wohl als ironische Anspielung auf den tatsächlich langen Weg des Kakao vom exotischen Getränk zum Alltagstrunk zu verstehen. Obwohl Kakao zu dieser Zeit schon sehr verbreitet und der Hershey-Riegel an jedem Süßigkeitenstand zu kriegen war, hatte Schokolade doch auch in den *Goldenen Zwanzigern* noch immer etwas Faszinierendes an sich.

Die Zwanziger waren das große Zeitalter des gefüllten Riegels. 1922 begann Forest Mars, Konditor aus der Nähe von Chicago, Schokoriegel herzustellen, die unter dem Namen *Milky Way* Weltkarriere machen sollten. 1923 gründete ein Hershey-Angestellter namens H. B. Reese seine eigene Fabrik für die Erzeugung von *Reese's Peanut Butter Cups*. Die Paarung von Schokolade mit Erdnußbutter ist heute ein amerikanischer Klassiker, der von Süßigkeitenherstellern im ganzen Land nachgeahmt wird. Das Original gibt es immer noch unter demselben Namen, obwohl die Reese-Familie 1963 an Hershey verkauft hat.

Reeses Cups sind immer mit reiner Schokolade hergestellt worden. Bei ein paar anderen Riegeln ist das nicht der Fall. Ihr angeblicher Schokoladeüberzug besteht tatsächlich aus künstlicher Schokolade oder aus einer Mischung von Schokolade mit einem anderen Pflanzenfett als der teuren Kakaobutter. Auch Mars verwendet richtige Schokolade. Dank seiner enormen internationalen Verkäufe - sogar in der Schweiz -, ist der Hersteller der weltgrößte Käufer für Kakaobohnen.

Natürlich sind alle Hersteller bemüht, daß ihre Riegeln und sonstigen Schokoladeprodukte so gut wie nur irgend möglich schmecken. Bei einem bestimmten Schokoriegel war das anders. Die Erfahrungen der amerikanischen Armee im Ersten Weltkrieg mit der allzu deliziösen Schokolade machte die Verantwortlichen mißtrauisch. 1934 erfand Captain Paul P. Logan das Rezept für einen Schokoriegel, den man ihm zu Ehren den *Logan Bar* nannte.

Schokolade wurde während des Krieges nicht nur als militärische Ration, sondern auch an der Heimatfront verzehrt.

Die Ration beinhaltete drei Riegel zu jeweils 115 Gramm und bestand aus Schokolade, Zucker, Magermilchpulver, Kakaobutter, Vanillin, Haferflocken und einem Vitamin-B1-Zusatz. Vielleicht lag es an den Haferflocken - der neue Riegel verführte nicht zu vorzeitigem Konsum und war aus dieser Sicht ein Erfolg. 1938 wurde er in *Ration D* umbenannt.

Drei Jahre später traten die USA in den Zweiten Weltkrieg ein. Die US-Army beauftragte die Hershey Company mit der Entwicklung einer neuen Schokoration, eine, die einen Soldaten, der sonst nichts zu essen hatte, ausreichend ernähren konnte, und die er in seiner Tasche bei sich tragen konnte, ohne daß sie schmolz. Daraufhin präsentierte Hershey einen Riegel, der hauptsächlich aus Schokolade, aber auch aus anderen Nahrungskomponenten bestand und sich mit 600 Kalorien als Ernährungsrundlage eignete. Er wurde zur neuen *Ration D.*

Die Hershey-Fabrik produzierte während des Krieges täglich eine halbe Million Riegel. Zum größten Stolz des mittlerweile fünfundachtzigjährigen Milton Hershey erhielt seine Gesellschaft das Army-Navy-E, eine Auszeichnung im Zweiten Weltkrieg für zivile Beiträge zum Sieg.

Schokolade wurde damals nicht nur als militärische Ration, sondern auch an der Heimatfront verzehrt. Die Menschen hatten Angst, daß Deutschland oder Japan einen Blitzkrieg - nach Art des Angriffs der Nazis auf London - auch gegen Amerika führen würden. Tageszeitungen und Wochenblätter brachten Menüs für den Privathaushalt, mit Vorschlägen für einfache und nahrhafte Mahlzeiten. Fast immer war Schokolade als Bestandteil dabei. Sie wurde vielleicht nicht mehr wie früher als das Universalnahrungsmittel schlechthin betrachtet, aber als unvergleichliches Stärkungsmittel angesehen.

Das war die seriöse Seite der Schokolade. Der leichtlebigere Aspekt, den sie in den Palästen der französischen Könige und den Londoner Schokoladehäusern gehabt hatte, blieb jedoch erhalten. Niemand erinnerte sich zwar an ihre Verwendung als Aphrodisiakum, aber auf subtile Art - die Vierziger waren noch nicht so weit von der viktorianischen Epoche entfernt - blieb sie mit dem Erotischen verbunden, das sich nun als das »Romantische« verkleidet hatte: Ein junger Mann ging mit einer Pralinenschachtel unter dem Arm zum Rendezvous, und eine rote Samtschachtel voll Schokolade war am Valentinstag unvermeidlich.

Die PX-Schokolade der GIs war das Universaltauschmittel im Europa der Kriegsjahre und insbesondere der Nachkriegszeit.

In dem Film *Dinner at eight* von 1935 spielt Jean Harlow die müßiggängerische Gattin eines reichen Mannes. Nebenbei hat sie ein Verhältnis mit ihrem betont netten Hausarzt. Als sie ihn in ihrem Boudoir zu einem sehr persönlichen Hausbesuch erwartet, ist sie von sämtlichen Attributen weiblicher Sexualität umgeben und ihr glänzender, gieriger, kleiner Mund in der Form von Amors Bogen, der Pralinen aus der in den Laken verborgenen Schachtel futtert, gibt dem Wort »sündhaft« - soweit es auf Schokolade angewendet werden kann - eine neue Bedeutung.

Weit unverblümter gestaltete sich der Tauschhandel des Zweiten Weltkriegs. Wie die Kakaobohnen-Währung der Maya und Azteken wurde die PX-Schokolade der GIs ein Universaltauschmittel im Europa der Kriegsjahre und insbesondere der Nachkriegszeit. Mit dem Schokoriegel in der Hand, der den Mund wässrig machte, konnte der amerikanische Soldat kaufen, was er wolte.

Das lag natürlich nicht nur an der Schokolade. Viele Menschen in Europa hatten kaum genug zu essen, und sie verkauften sich selbst oder ihre Besitztümer für schöne Dinge, an die sie sich aus der Vergangenheit erinnerten, für Kaffee, Zigaretten, Zucker oder Butter.

Mitten im Frieden: Sachertortenkrieg!

Nach dem Krieg war Schokolade bald populärer denn je.

ALLMÄHLICH BEKAM SCHOKOLADE ihr altes Image zurück: Genuß für den Gaumen und jederzeit verfügbar. Die Schweizer Erzeuger steigerten neuerlich ihre Produktionszahlen, als sie die Kriegsbedingungen losgeworden waren: die Rationierungen, die Exportrestriktionen und die eingeschränkten Importmöglichkeiten aus Übersee. Cadbury in England begann wieder mit der Herstellung von gemischten Pralinen, und Godiva startete in Belgien eine luxuriöse Karriere. Hershey weitete in den USA sein ohnehin schon riesiges Geschäft noch weiter aus, ebenso versuchte De Zaan in Holland einen Neustart, nachdem die Nazis vertrieben worden waren. Perugina hatte Triumphe im Vorkriegsitalien gefeiert, aber alliierte Bombenabwürfe hatten die Fabrik beschädigt. Nun begann man sofort mit dem Wiederaufbau und der Expansion.

Schokolade war bald populärer denn je. In der weltweiten Depression der dreißiger Jahre hatten die Leute ihr Geld für Brot und Fleisch gespart, nicht für Schokolade. Die Fünfziger brachten eine boomende Prosperität. Die Amerikaner verfielen in einen Konsumrausch, und die Europäer machten es ihnen bald nach. Der Handel mit Autos, Waschmaschinen und schicken Kleidern florierte. Der Verzehr von Schokolade blieb nicht länger nur gelegentlicher Luxus, sondern wurde für viele zum regelmäßigen Genuß.

Und doch war nicht alles Sonnenschein im Schokoladeland. In einem Wiener Bezirk brach ein Disput um einen Kuchen aus. Die Sachertorte war hier von Franz Sacher 1832 erfunden worden. Sein Sohn Eduard, der sie in seinem eleganten Hotel servierte, hatte sie Touristen aus aller Welt kredenzt und damit folglich auch internationale Reputation erworben. »Ich habe Unmengen von Ihrer famosen Sachertorte gegessen«, erzählte Greta Garbo den Reportern bei ihrem Wienbesuch 1937. Ein paar Jahrzehnte später las man auf einem Telegramm die Adresse »To Hotel Chocolate Cake, Vienna«; ein Amerikaner hatte zwar den Namen, nicht aber die Schoko-Spezialität des Hauses vergessen, wo er wichtige Papiere zurückgelassen hatte. Sein Telegramm wurde natürlich ins *Sacher* gebracht.

Als John Lennon und Yoko Ono ihre »Bed-Ins für den Frieden« veranstalteten, kamen sie auch ins Hotel Sacher. »Made a lightning trip to Vienna – eating chocolate cake in a bag« heißt es in dem Beatles-Song »The ballad of John and Yoko«, der ein Welterfolg wurde.

Man könnte also glauben, der Rechtsanspruch der Hotelerben an der Sachertorte sei eine klare Sache. Aber die Konditorei Demel

200 Jahre war Demel Hoflieferant für die Habsburger. Auch heute ist die Confiserie eine der feinsten Adressen in Wien.

besitzt einen ähnlichen Stolz wie das Hotel Sacher. Zweihundert Jahre lang war Demel Hoflieferant für die Habsburger und eine der feinsten Adressen für jeden, der sich seine Leckereien leisten konnte. Unter den Dutzenden Schoko-Kreationen war auch jahrzehntelang eine »Original Sachertorte«. Das irritierte das Hotel Sacher, was 1950 zu einer Klage führte, die durch alle Instanzen bis zum Obersten Gerichtshof ging. In dem Buch *The Art of Viennese Cooking* (1963) wird die Geschichte folgendermaßen erzählt:

»Volle neun Jahre lang verdiente eine Schar von Anwälten mit völlig ernsten Gesichtern ihr Geld im Prozeß zwischen Sacher und Demel. Die Frage hieß: Welcher von beiden hat das Recht, seine Sacher Torte als *original* zu bezeichnen? Der springende Punkt für die Antwort – und ich zitiere hier aus einer völlig

ernstgemeinten Vorladung für einen Starzeugen: Der Gegenstand Ihrer Befragung ist folgender: Wurde die Sachertorte zu Lebzeiten Anna Sachers - Eduards legendärer Witwe, die das Hotel von 1892 bis 1930 führte - in der Mitte durchgeschnitten und mit Marmelade gefüllt?
Das Hotel Sacher tut das nämlich, Demel nicht.
Nachdem die Richter in ihren schwarzen Roben die rivalisierenden Torten sorgfältig ein letztes Mal verkostet hatten, erging schließlich am 27. Juni 1962 das alles entscheidende Urteil: Das

Marillenmarmelade war der Zankapfel im großen Wiener Tortenkrieg, aber Schokolade stand im Zentrum der Sache.

Sacher darf das Wort *original* verwenden, Demel nicht. Und das trotz Demels Ansicht, das Original sei nicht durchgeschnitten und ungefüllt gewesen, und alles andere sei ein Zeichen von Dekadenz und Niedergang. Die Richter stimmten dem nicht zu, sondern fanden, daß eine Extralage Marillenmarmelade Fortschritt und nicht Degeneration bedeute. Demel verbirgt aber seinen Stolz nicht und serviert seine deliziösen Kuchen weiterhin im Bewußtsein, Wiens führende Konditorei zu sein.«
Marillenmarmelade bzw. ihre Verwendung war der Zankapfel im großen Wiener Tortenkrieg gewesen, aber Schokolade stand im Zentrum der Sache. Die Sachertorte verdankt ihre Beliebtheit der köstlichen Schokolade im Kuchen und dem glänzenden, intensiv bittersüßen Überzug, der über eine dünne Marillenmarmeladeglasur gegossen wird, im Sacher wie bei Demel wie auch sonst in

jeder anderen authentischen Version. Deshalb wurde das Sacher-Demel-Urteil auch in Schokolade gegossen. Sacher darf ein rundes Schokoladesiegel auf seiner Torte anbringen, Demel muß ein dreieckiges verwenden. Seit über dreißig Jahren ist nun ein deliziöser Friede eingekehrt - oder besser gesagt: ein Waffenstillstand. Denn immer noch sind Nachwehen dieses Gerichtsstreits spürbar; die letzte zwischen Dezember 1992 und November 1994, die aber wiederum zugunsten von Sacher entschieden wurde.

Teure Bohnen, noch teurere Pralinen

In vielen afrikanischen Erzeugerländern wird der Preis für die Kakaobohnen von einer Behörde kontrolliert.

DER REST DER WELT kämpft zu diesem Zeitpunkt mit einem speziellen Schokoladeproblem. Kakaobohnen sind die drittgrößte der international angebotenen Ernten nach Kaffee und Zucker, heute ungefähr zweieinhalb Millionen Tonnen. Der Preis hatte die Jahre über geschwankt, von eineinhalb Cents pro Kilogramm 1939 über elf Cents 1947 bis fünfunddreißig 1954, einem Dollar 1975, und dann wieder zurück auf fünfzig Cents in den frühen Achtzigern.

Der Preis hängt vom Verhältnis zwischen der weltweiten Nachfrage und einem wechselnden Angebot ab, das vom Wetter und von der Politik bestimmt ist. Viele Länder mit Kakaokulturen sind politisch instabil, und das Erntemanagement leidet unter politischen Unruhen. Ghana war beispielsweise bis in die siebziger Jahre der führende Kakaoproduzent. Durch innenpolitische Unruhen wurde es von der Elfenbeinküste und von Brasilien auf den dritten Platz verdrängt. Danach kommen Malaysia, Indonesien, Nigeria, Ecuador, Kamerun, Kolumbien, die Dominikanische Republik und Mexiko. Für die Zukunft erwarten die Experten einen weiteren Rückgang der Produktion Westafrikas - unter anderem bedingt durch den ökonomischen Wechsel von der Kakao- zur Ölproduktion, aber auch durch den Mangel an Arbeitskräften auf den Kakaofarmen aufgrund der Abwanderung in die Städte. Als Kompensation erwartet man höhere Ernten in Brasilien und in Malaysia.

In vielen afrikanischen Erzeugerländern wird die Preisstruktur von einer Kakaobehörde kontrolliert, eine Einrichtung, die ihre Ursprünge im Kolonialregime hat und bis heute existiert. Die Behörden kaufen meist die Ernte von den lokalen Farmern auf, wobei der Preis von der Regierung festgesetzt wird, und verkaufen die Ware auf dem Weltmarkt zum bestmöglichen Betrag. Diese Behörden und die anderen Erzeugerländer sowie deren Käufer haben jahrzehntelang versucht, Handelsvereinbarungen zu treffen, die stabile Preise garantieren sollten. Bis jetzt hatten sie damit kein Glück, weil der wichtigste Produzent, die Elfenbeinküste, und der Hauptkunde, die USA, sich nicht auf eine gegenseitig befriedigende Formel einigen konnten. So schwankt der Lieferantenpreis des Produktes weiterhin und richtet sich nach der Nachfrage in den Vorjahren.

Teurere Kakaobohnen bedeuten teurere Schokolade, wobei natürlich auch die Inflation eine Rolle spielt. In der Branche sagt man, daß man für je hundert Prozent Preiserhöhung mit 25 Prozent Nachfrageverminderung rechnen muß. Die Nachfrage ging während der späten siebziger Jahre drastisch zurück, als der Preis für Kakaobohnen auf einen Dollar pro Kilogramm gestiegen war und sich das auf den der Schokolade entsprechend niederschlug. Dazu kam, daß damals die Menschen weltweit von Rezession und Inflation betroffen waren. Aber mit den besseren wirtschaftlichen Bedingungen der achtziger Jahre sank der Preis für Kakaobohnen wieder auf fünfzig Cents per Kilogramm und der Konsum erreichte einen neuen Höhepunkt.

Gourmetschokolade zeichnet sich dadurch aus, daß sie keine Konservierungsstoffe enthält.

Ihr Preis scheint den Markt für jenen Warensektor nicht zu beeinflussen, der als Boutique-, Gourmet-, Premium- oder Luxusschokolade bezeichnet wird. Mit Preisen bis zu 18 Dollar pro Kilogramm - für Schweizer Trüffel - wird sie von berühmten Firmen wie Godiva oder Neuhaus in Belgien, Lenôtre in Frankreich, Kron sowie einer ständig wachsenden Zahl kleiner Produzenten in den USA hergestellt.

Feinste Kakaobohnen als Grundstoff, ausdauerndstes Conchieren, eine exquisite Mischung und eine durchgestylte Verpackung - sowie der Preis - heben diese Sorten so weit über die gewöhnlichen Süßigkeiten hinaus wie ein Filet Mignon über einen Hamburger. Was nicht heißen soll, daß nicht viele den Hamburger bzw. den Hershey-Riegel bevorzugen. Aber auf der anderen Seite geben die Menschen gerne Geld für goldfarbige Schachteln mit Schokoladejuwelen aus, die das *Town & Country* Magazin als »Choc Chic« bezeichnet hat. Vor allem stellen sie sensationelle Geschenke dar, indem mit dem eigentlichen Genuß der Schokolade ein sehr hohes Maß an Prestige verkauft wird.

Natürlich bieten Gourmetschokoladen mehr als nur ein vornehmes Outfit. Ihre Füllungen sind durch frische Sahne und Butter seidenglatt und enthalten keine Konservierungsstoffe, im Gegensatz zu vielen Billigschokoladen. Die feinsten Schokoladesorten rühmen sich eines köstlichen Aromas und einer seidigen Konsistenz. Die Phrase vom »auf der Zunge schmelzen« wird buchstäbliche Wahrheit.

Allerdings gibt es auch innerhalb dieses Genres noch Abstufungen. Ein Vertreter der französischen Industrie bezeichnet die hochgeschätzten Marken Godiva und Neuhaus als Fabrikerzeugnisse, die er im Supermarkt verkaufen würde. Für seinen eigenen Bedarf an Süßigkeiten kommen nur die Kreationen eines bestimmten kleinen, aber feinen Ladens in Lyon und eines anderen in Paris in Frage - und vielleicht die des belgischen Zweigs von Godiva.

Denn wie es scheint, sind nicht alle Sorten dieser Firma gleich gut. In den Vereinigten Staaten pflegte man sie früher aus Belgien einzufliegen und erkannte in ihnen Amerikas erwachenden Geschmack für Luxusschokolade. 1966 kaufte Campbell's Soup die amerikanische Konzession. Möglicherweise aus geschwisterlicher Rivalität konterte anfänglich die amerikanische Firma in der Umgebung von New York City mit Lieferungen mittels einer Kutsche aus dem 18. Jahrhundert. Ganz besondere Lieferungen wurden von einer »Lady Godiva« im Bodystocking, komplett mit weißem Roß und begleitenden Spielleuten, ausgeführt - zum Preis von 3.000 Dollar. Schließlich übernahm 1974 der Campell's Konzern auch die belgische Godiva.

Begriffe wie »tief« und »dunkel« sind mächtige Reizwörter in der Welt der Schokolade-kenner.

Heute werden die in Brüssel erzeugten Sorten höher eingeschätzt als die Schokolade aus Pennsylvania, obwohl beide ungefähr zehn Dollar pro Kilogramm kosten. Wahre Aficionados preisen das dunklere, tiefere Aroma der belgischen Schokolade sowie ihre hauptsächlich in Handarbeit erzeugte Form. Sie singen Loblieder auf die verschwenderische Verpackung - ebenfalls handgemachte Kostbarkeiten aus Brokat und Satin, Samt und Federn, die an Cadburys Jahrhundertwende-Schönheiten erinnern -, während die Schokolade von Godiva in den USA in weniger überwältigende Goldschachteln verpackt ist.

Die oben erwähnten Begriffe »tief« und »dunkel« sind mächtige Reizwörter in der Welt der Schokolade-Kenner, ungefähr wie das Jahrgangsraten unter Weinliebhabern. Obwohl Milchschokolade ungefähr neunzig Prozent der amerikanischen Verkäufe und immer noch 75 Prozent im Gourmetland Frankreich ausmacht, äußert sich kontinentale Klasse eben in einer Bevorzugung der dunklen Schokolade. Liebhaber dieser Schokolade sagen, aristokratische Tradition sei reichlich Sahne, Butter und Kakao, aber Zurückhaltung beim Zucker gewesen. Erst im Laufe der Zeit seien Sahne und Butter eingeschränkt und Zucker als natürliches Haltbarkeitsmittel zugesetzt worden, um eine höhere Lagerfähigkeit zu erhalten.

Im Gegensatz dazu lernten die Amerikaner, Schokolade zu mögen, die angeblich zu süß und zu milchig war. Immer mehr Amerikaner wollen heutzutage die Schokolade weniger süß. Bevorzugt wird eher eine tiefere und dunklere Intensität. Sogar Milchschokolade wird mit purer Sahne und Butter gefüllt und nicht durch Zusatz von Zucker verfälscht, was uns zu den Luxusschokoladen führt.

Godiva und Neuhaus haben ihre eigenen Boutiquen. Perugina hat den Hauptsitz in New York City und wird in Feinkostgeschäften der ganzen USA verkauft. Andere europäische Luxusmarken sind in ausgewählten Kaufhäusern erhältlich: Corné la Toison d'Or, Lenôtre, Manner, Stollwerck, Cadbury - und die Schweizer.

Viele Firmen stellen heutzutage ihre eigene Basisschokolade nicht mehr selbst her.

Amerikanische Luxuserzeuger stellen ihre eigene Basisschokolade nicht selbst her. Größtenteils ist die Industrie in Spezialisten aufgespalten: die Süßigkeitenerzeuger und jene, die die Überzugsschokolade für sie machen. Aber es gibt Ausnahmen. Die Schweizer Gesellschaften - Nestlé, Suchard, Lindt, Tobler, Cailler - haben als Schokoladefabriken begonnen und machen trotz verschiedener Firmenzusammenlegungen weiter, indem sie beides erzeugen, Schokolade und die Süßigkeiten, die sie im Laufe der Zeit entwickelt haben.

Dieselbe Evolution erklärt, warum Cadbury und Perugina, Hershey und Ghirardelli ihre Erzeugnisse von der Bohne bis zur Verpackung selbst herstellen. Neuere, kleinere Chocolatiers, auch so berühmte wie Godiva, Corné la Toison d'Or und Kron kaufen Schokolademasse von Großerzeugern. Einige der besten amerikanischen Pralinen sind mit belgischer Callebaut-Schokolade, Schweizer Lindt oder Nestlé-Milchschokolade *Ultra* und *Broc*, bittersüßer Zenda, Newport und Burgundy - in Amerika nach Schweizer Rezepten gemacht - überzogen. Andere verwenden Schokomasse von Guittard, Van Leer, Blommer, Ambrosia, Merckens, Wilbur - amerikanische Firmen, deren Namen jenen unbekannt sein mögen, die ihre Produkte jeden Tag in Schokolade von Godiva bis Fanny Farmer, von Kron bis Candy Cupbord essen.

Das bedeutet nicht, daß die amerikanischen Pralinenhersteller nur eine Handvoll Schokolademassen zur Auswahl haben. Hersteller wie Callebaut oder Van Leer mischen ein Dutzend oder mehr Bohnensorten zu hunderten verschiedenen Schokoladesorten, viele für die besonderen Ansprüche bestimmter Kunden. Schokoladesorten unterscheiden sich deutlich voneinander, um Adjektive von blumig bis nussig, käsig bis rauchig zu rechtfertigen. Die Konsistenzen reichen von körnig bis glatt.

Selbst Connaisseurs können sich nicht entscheiden, welche Marke die beste ist, oder ob eine von ihnen besser ist als ein guter Riegel oder ein gutes Bonbon zu einem vernünftigen Preis. Niemand bezweifelt die Kosten der Herstellung von Luxusschokolade - die sorgfältige Mischung der Füllungen, der schöne

Überzug, die Tunke oder die Verzierung von Hand. Uneinig ist man sich einzig und allein darüber, welche Schokolade einem am besten mundet. *Chacun à son goût* heißt der letzte Schluß.
Jeder nach seinem eigenen Geschmack. Und wenn dieser auf Likör in den Pralinen gerichtet ist, heißt das Zauberwort Europa. Was Schokolade angeht, haben die USA nämlich die Prohibition noch nicht aufgehoben. Sowohl in importierten als auch in amerikanischen Pralinen sind nicht mehr als fünf Prozent Alkohol erlaubt. Nur drei Staaten lassen aufgrund ihrer Gesetze

Selbst Connaisseurs können sich nicht entscheiden, welche Marke die beste ist.

mehr zu – Nevada, Kentucky und Tennessee; in den beiden letzten sind Bourbon-gefüllte Pralinen eine weit verbreitete Spezialität.
Europäische Gourmetschokoladen sind im Gegensatz dazu oft

mit Likör gefüllt. In Pralinen findet man Scotch, Birnenschnaps, Gin, Kirsch - was man will. Trüffeln werden mit Champagner gemacht, Sahnefüllungen mit *Grand Marnier.* In Irland gibt es einen Schokoriegel, *Wildwood*, der Whisky enthält. Solche Lustbarkeiten können von Reisenden zu ihrem Privatvergnügen mitgenommen werden, aber man kann sie in die USA nicht für den Verkauf importieren. Sie gehören wirklich zur Luxusklasse, weil sie ein Flugticket erfordern, wenn man sie kaufen will.
Aber Alkohol-Schokolade-Mischungen sind in jedem Bundesstaat

Chacun à son goût heißt der letzte Schluß.

erhältlich, in dem es Schnapsläden und Bars gibt. Barkeeper servieren *Brandy Alexander* - Crème de cacao, Brandy und Sahne - und *Grasshoppers* - weiße Crème de cacao gemischt mit grüner Crème de menthe.

Schokoholiker im Fitness-Zeitalter

Die Belgier führen im jährlichen Pro-Kopf-Verbrauch von Pralinen.

OBWOHL DIE GOURMETMARKEN im Jahr über fünfzig Millionen Dollar Umsatz machen, stellen sie nur einen winzigen Bruchteil der amerikanischen Schokoladeverkäufe dar. Ihre Käufer betrachten sich allesamt als Connaisseurs. Der Rest der insgesamt über zehn Milliarden Dollar ausmachenden Detailverkäufe geht hauptsächlich an Leute, die sich selbst als Schokoholiker bezeichnen.

Das Wort hat linguistisch wenig Sinn. Chemisch gesehen, hat Schokolade mit Alkohol nichts zu tun. Und das Verlangen nach Schokolade, wie akut auch immer es sein mag, ist nicht vergleichbar mit der verheerenden Abhängigkeit von Alkohol. Aber als das Wort *chocoholic* irgendwann in den späten Siebzigern erfunden wurde, sprach es offensichtlich ein vorhandenes Gefühl an. Es wurde enthusiastisch angenommen und schien für Tausende, vielleicht sogar für Millionen, das richtige Wort für ihre Hilflosigkeit gegenüber der Sklaverei durch eine unwiderstehliche Substanz zu sein.

Schokoholiker und andere Amerikaner, die etwas mehr Zurückhaltung zeigen, verzehren pro Jahr ungefähr fünf Kilogramm Schokolade pro Person. Damit sind die USA zwar weit vorn in der Jahresproduktion an Schokolade, aber ziemlich niedrig im individuellen Konsum. Die Spitze stellen, was keine Überraschung ist, die Schweizer dar. Aber die Schweizer Zahlen sind vielleicht ein bißchen trügerisch. Schokolademanager sagen, daß sie die Käufe all der Touristen einschließen, die wegen der Sehenswürdigkeiten oder zum Schifahren kommen und vor der Abreise Unmengen von Schokolade kaufen.

Nach der Schweiz kommen Norwegen und Österreich, dann Deutschland, gefolgt von Großbritannien. Belgien liegt etwas dahinter, obwohl es im Pro-Kopf-Verbrauch von Pralinen führt, was wohl ebenfalls auf die Touristeneinkäufe zurückzuführen ist. Die nächsten Plätze nehmen in absteigender Reihenfolge die USA, Kanada, Neuseeland, Finnland, Spanien, Italien, Japan und Brasilien ein.

Für die osteuropäischen Staaten sind keine Konsumstatistiken erhältlich. Man weiß aber, daß sie ungefähr 14 Prozent der Weltkakaoernte aufkaufen. China und Japan sind sozusagen zum abendländischen Genuß Bekehrte. Beide haben Schokoladefabriken, und die Japaner verpacken ihre Produkte mit der charakteristischen exquisiten Geschicklichkeit. Die Afrikaner essen wenig Schokolade. In Saudiarabien hat der Konsum von Schokolade den europäischen schon fast erreicht.

Viele Lateinamerikaner ziehen es noch immer vor, ihre Schokolade zu trinken, aber in Brasilien hat Eßschokolade ihre Verkaufszahlen binnen acht Jahren verdreifacht.

Das Problem mit dem Zucker in der Schokolade ist reine Ansichtssache.

Von all diesen glücklichen Schokoessern glaubt vielleicht kein einziger mehr, daß Schokolade seine Gesundheit verbessern wird, im Gegenteil. In den letzten Jahren wurde Fitness zu einem universalen Glaubensbekenntnis und zu einem Grund ständiger Sorge, so daß der Genuß von Schokolade mit Schuldgefühlen verbunden wurde - man machte sich Sorgen, was man den Zähnen, dem Teint, der Figur zufügte. Schließlich verbreiteten die Schokokonzerne beruhigende Botschaften: Wie es aussieht, erzeugt Schokolade keine Akne. In kontrollierten Experimenten bekam die Haut von überzeugten Schokoessern nicht mehr Pickel als die von Abstinenten.

Das Problem mit dem Zucker in der Schokolade wurde dadurch aus der Welt geschafft, daß man einen überaus günstigen Bestandteil gefunden hat, der das Entstehen von Zahnkaries verlangsamt. Noch besser: Die Kakaobutter in der Schokolade hält den Zucker von den Zähnen ab. Zahnverfall entsteht viel wahrscheinlicher durch zähe, klebrige Übeltäter wie Zuckerwerk, Karamellen und Rosinen, die ewig in den Zähnen hängenbleiben und ihr Zerstörungswerk in aller Ruhe vollbringen. Dies kann man in einer vielzitierten schottischen Studie nachlesen, die sich auf die Beobachtung von 3.000 Schulkindern beruft, die nach ihrem Schokoladeverzehr in verschiedene Gruppen eingeteilt wurden. Das Ergebnis stand nach vielen Monaten fest: Es gibt keine Beziehung zwischen Schokolade und Löchern in den Zähnen.

Die Schokoladeerzeuger lieben Tabellen, die Proteine und Vitamine zeigen, die in jedes Gramm ihrer Produkte hineingepackt sind, und die günstige Kalorienzahl - 220 für einen Riegel Milchschokolade - verglichen mit anderen Imbissen - 230 für eine kleine Packung Kartoffelchips. Wenn es um die Ernährung geht, betonen sie einen Punkt: Die Kakaobohne ist schließlich ein so natürlicher Stoff wie ein Weizenkeim und enthält dieses und jenes Milligramm von dem einen oder anderen Mineralstoff.

Tatsächlich hat der Zucker den höchsten Kalorienanteil in der Schokolade. Ein Schokoriegel ist eben doch kein grüner Salat und auch kein Steak. Wenn man zuviel davon in sich hineinstopft, wird man sich später möglicherweise in die Jeans stopfen müssen. Das Beste, was die Erzeuger zur Gewichtsfrage sagen können, wissen wir schon: Genieße deine Schokolade in mäßigen Portionen im Rahmen einer ausgewogenen Ernährung.
Dann gibt es natürlich noch Katherine Hepburn. Wenn es um Schlankheit geht, eine Extremistin. Seit Jahren lebt sie in New

Die gute Figur Katherine Hepburns kommt nach ihrer eigenen Aussage vom lebenslangen Schokoladekonsum.

York, wo man sie hin und wieder in einem kleinen Schokoladegeschäft auf der Suche nach neuen Köstlichkeiten antreffen kann. Mit siebzig wurde sie von einem Reporter des *Good-Housekeeping*-Magazins gefragt, was das Geheimnis ihres immer noch großartigen Aussehens sei. Hielt sie ihre Diät so sorgfältig ein?
»Was Sie vor sich sehen, mein Freund, ist das Ergebnis eines lebenslangen Schokoladekonsums«, erwiderte sie. »Oft ein halbes Kilo pro Tag.« Umgerechnet auf einen jährlichen Pro-Kopf-Verbrauch würde das selbst den Weltmeister Schweiz mit einigen hundert Kilogramm übertreffen. Lachend fügte sie hinzu: »Offensichtlich muß ich nicht ständig auf mein Gewicht achten, ich hatte überhaupt nie soviel, um mich darum kümmern zu müssen. Turnen, das ich ohnehin liebe, hält mich fit.«
Während sie mit dem Reporter plauderte, verbreiteten frische Brownies ihren Duft in der Manhattaner Stadtwohnung, und sie servierte ihm ein paar. Katherine Hepburns selbst gemachte

Brownies sind berühmt. Ein paar Monate später sagte sie darüber in einem anderen Magazin, dem *Ladies' Home Journal*: »Sie sind sensationell. Das mag nicht sehr bescheiden sein, aber es ist wahr.«

Iß, hab Spaß daran, turne, und du kannst schlank sein wie Katherine Hepburn, lautet also die Devise. Unglücklicherweise können das manche Menschen nicht tun, weil der Verzehr von Schokolade unangenehme Reaktionen in ihnen hervorruft. Sie können Kopfschmerzen bekommen, wenn sie empfindlich sind für Tyramin, das man außer in Schokolade auch in Rotwein und Käse findet. Menschen, die allergisch gegen Schokolade sind, werden niesen oder sich schlecht fühlen. Im Gegensatz zu vor einigen Jahren meinen die Ärzte heute, daß die Allergie gegen Schokolade nicht sehr verbreitet ist. Für die wenigen Unglücklichen bieten die Reformhäuser Süßigkeiten aus Johannisbrotmehl an. Sie werden aus den Schoten des Johannisbrotbaumes erzeugt und schmecken tatsächlich nach Schokolade. Jeder wird es aber geschmacklich verschieden bewerten. Es ist, wie man so sagt, Geschmackssache.

Im Gegensatz zu vor einigen Jahren meinen die Ärzte, daß die Allergie gegen Schokolade nicht sehr verbreitet ist.

Wenn Ihre Gesundheit es erfordert, ist Johannisbrot etwas, das Sie einmal probieren sollten. Erwarten Sie aber nicht, daß es kalorienärmer oder gesünder ist als Schokolade. Johannisbrot hat zwar weniger natürliches Fett als Kakaobohnen, aber einen höheren Zuckergehalt. Die Anzahl der Kalorien aus beiden Materialien sind in etwa gleich. Schokolade braucht Zucker für den Gaumen, und Johannisbrot braucht zusätzliches Fett, bei dem es sich meistens um ein hochgesättigtes Pflanzenöl handelt, das nicht annähernd so appetitanregend ist wie Kakaobutter.

Die Franzosen haben andere, für sie typische, gesundheitliche Bedenken - ihnen geht es um die Leber. Die gallische Faszination für die Pflege und Ernährung dieses Organs ist sprichwörtlich. Die amerikanische Filmschauspielerin Olivia de Havilland, die einen Pariser heiratete und mehrere Jahre in der Metropole an der Seine lebte, schrieb ein Buch mit dem Titel *Every Frenchman Has One* über die Franzosen.

Das *One* bezog sich auf die Leber. Deshalb ist es keine Belanglosigkeit, wenn ein bekannter Leberspezialist in seinem Buch *The Frenchman's Liver* schreibt: »Ich bin glücklich, daß ich jenen, die seit Jahren mehr oder minder auf Schokolade verzichten, sagen kann, daß es keinen medizinischen Grund für einen solchen Verzicht gibt.« Vielleicht ist der Fall auch damit erledigt, daß Cathérine Deneuve für ihre Schokophilie bekannt ist und ihre Leber sehr wahrscheinlich genau so großartig aussieht wie alles andere von ihr.

Ein grundlegender Irrtum in bezug auf die Wirkungen der Schokolade auf den menschlichen Körper besteht darin, daß manche Menschen die *Koka*pflanze mit der Kakaopflanze verwechseln. Beide haben aber überhaupt nichts miteinander zu tun. Die Kokapflanze ist ein völlig anderes botanisches Geschöpf als der Kakaobaum, und Schokolade hat absolut nichts zu tun mit Kokain. Wenn ein Schokoholiker abhängig ist, dann psychisch, nicht körperlich.
Große Sorge bereitet vielen das Koffein in der Schokolade. Es besteht jedoch überhaupt kein Anlaß zur Beunruhigung. Dazu vergleiche man etwa die neun Milligramm Koffein in einem Fünfzig-Gramm-Riegel Milchschokolade mit den 150 in einem starken Kaffee oder den 65 in bestimmten Cola-Drinks. Nicht einmal der verrückteste Schokoholiker könnte die Menge von mindestens fünfzig Riegeln Schokolade pro Mahlzeit hinunterschlingen, die erforderlich wäre, damit das Koffein eine Rolle spielte. Nebenbei: Koffein ist wahrscheinlich gut für die Pflanzen, die es enthalten - Kaffee, Tee, Cola und Kakao, denn die Wissenschaftler nehmen an, daß es ein natürliches Insektizid ist, das den Insektenlarven, die diese Pflanzen fressen, nicht gut bekommt.

Neben anderen ist auch die französische Filmschauspielerin Cathérine Deneuve für ihre Schokophilie bekannt.

Ein weiteres Stimulans in der Schokolade ist das sogenannte Theobromin; das auch in der Medizin Verwendung findet. In der Schokolade ist es in so kleinen Mengen enthalten, daß es keine negativen Auswirkungen haben kann. Wenn man schließlich Probleme mit dem Blutzucker hat, dann bleiben als einzig sichere Schokoladesorten nur die vollständig ungesüßten oder solche mit Zuckerersatzstoffen übrig. Aber für die meisten von uns ist Schokolade nicht ungesund.
Warum packen die Hotels in den Alpen einen Schokoriegel als Energielieferanten in das Lunchpaket jedes Wanderers, und was könnte gesünder sein? Sir Edmund Hillary, der großartige Bergsteiger, hatte Schokolade dabei, als er den Mount Everest bestieg. Noch höher hinaus nehmen die Astronauten sie als Imbiß mit. Und Mary Francis Kennedy Fisher, die Doyenne der amerikanischen Kochbuchautorinnen, war zwar nicht auf dem Mond, aber auf Winterurlaub in Frankreich, als sie sich mit Schokolade stärkte. Sie erzählt das in ihrem Buch *Serve It Forth* (1937):
»*Hier! Versuchen Sie das mal, junge Frau!* Er streckte mir ein Stück Schokolade, das vor Kälte ganz bleich war, hin. Ich lächelte und nahm es ... Die Schokolade zerbrach in meinem Mund zuerst in viele einzelne, unangenehme Stücke, wie Kies. Ich begann mich zu fragen, ob ich sie so schlucken sollte. Aber dann wurden sie weich und schmolzen zu einem warmen Strom in meine Kehle.

Der kleine Arzt fuchtelte mit den Händen ... *Hier! Moment, warten Sie*! rief er. *Essen Sie nie Schokolade ohne Brot, junge Frau! Sehr schlecht für die Verdauung, sehr schlecht ...*
Binnen zwei Minuten war mein Mund voll frischem Brot und schmelzender Schokolade, und wir setzten uns vorsichtig auf den gefrorenen Hügel ... wir sahen einander scheu und still an und lächelten und kauten am Befriedigendsten, das ich jemals gegessen habe.«
Wie Mrs. Fisher sicher wußte, verzehren französische Kinder als

Warum packen die Hotels in den Alpen einen Schokoriegel in das Lunchpaket eines jeden Wanderers?

Zwischenmahlzeit *pain au chocolat*, eine rechteckige Tasche aus Croissant-Teig, gefüllt mit dunkler Schokoladepaste. Amerikanische Jugendliche haben davon erfahren, seither ist es als eine Art *Chichi-Doughnut* in manchen Städten fast allgegenwärtig. Spanische Kinder im katalanischen Südosten bekommen Sandwiches aus Milchschokolade und dem duftenden lokalen Brot. In Belgien wird die *pate à tartiner* aufs Brot gestrichen. Italienische, deutsche und österreichische Kinder tun dasselbe mit Nutella, einem Markennamen für eine Mischung aus Schokolade und geriebenen Haselnüssen, die gut genug schmeckt, daß man sie auch gleich mit dem Löffel aus dem Glas ißt.
Solche Vergnügen mögen das Nachklingen einer europäischen Überzeugung sein, daß Schokolade ein Wundermittel ist. In den USA wird Schokolade seit einiger Zeit bestimmten Speisen zugesetzt, die heute als jene Allheilmittel gelten, für die man früher die Schokolade selbst hielt. In amerikanischen Supermärkten werden Granola-Kekse und Joghurt-Schokolade angeboten, doppelte Versuchungen für den schokoholischen Fitness-Freak.

Liebe und andere Leidenschaften

Die Verbindung von Schokolade und Erotik reicht von Montezuma bis Jean Harlow.

WENN MAN AN DIE ENTWICKLUNG dieses jugendlichen Fütterungsverhaltens bei Vögeln zurückdenkt, ist es amüsant, die außerordentliche Verstärkung des wechselseitigen Fütterns zu beobachten, die bei uns mit der Zeit der Partnersuche einhergeht. Zu keiner anderen Zeit unseres Lebens widmen wir uns mit so viel Aufwand der Bemühung, dem anderen köstliche Lekkerbissen in den Mund zu stecken - oder einander Pralinenschachteln anzubieten.«

Der Anthropologe Desmond Morris schrieb diese Zeilen in *Der nackte Affe*, einer Studie über das menschliche Verhalten. George Orwell stellte diesen Vorgang in seinem Roman *1984*, einer Horrorvision der Zukunft, dar. Die Protagonisten Winston Smith und Julia leben in einer totalitären Gesellschaft, in der Schokolade »gewöhnlich ein stumpfbraunes, bröseliges Zeug« ist, »dessen Geschmack ... dem Rauch eines Müllfeuers« gleicht. Sexuelle Vergnügungen sind vom Staat verboten.

Julia gibt Winston ein Stück richtige Schokolade, das ihn an vergangene Zeiten erinnert: »Früher einmal hatte er allerdings einmal Schokolade gekostet, von der gleichen Art wie das Stück, das sie ihm gab. Der erste Hauch ihres Duftes hatte eine Erinnerung in ihm geweckt, die er nicht festnageln konnte, die aber mächtig und beunruhigend war.« Nachdem das erste Stückchen Schokolade auf Winstons Zunge zergangen ist, brechen sie das Gesetz und geben sich mit ganzem Herzen dem Sex hin.

Mary Francis Kennedy Fischer erwähnt das Thema in ihrem Buch *An Alphabet for Gourmets* (1949). In allen drei Fällen verbindet sich Schokoladegenuß in den Köpfen der Autoren mit Liebe. »Gastronomie ist und wird immer verbunden sein mit ihrer Schwester, der Liebeskunst«, schrieb Mrs. Fisher.

»Diese Art von Leidenschaft, von der ich spreche, eine romantische, soweit eine so brutale Sache so angesehen werden kann, hat mit Sex zu tun, mit dem Geben und Nehmen, dem Herausputzen und Paradieren, und dem endgültigen Triumph oder Verlust zwischen zwei Menschen, die bewußt oder unbewußt genug

wissen, um sich den Hof sowohl mittels Nahrung als auch mittels Schmeichelei zu machen.
Als ich zum ersten Mal diese neue Waffe erkannte, war ich etwa acht, glaube ich. Da gab es einen Jungen namens Red, unsterblich in meinem spirituellen Kalender, ein großer, spöttischer, höhnischer, auffälliger Junge, der vielleicht sechs Monate älter war als ich, vertraut mit Finten, Neckerei und dem Schmerz. Ich neckte zurück, unangemessen, erfüllt von einer seltsamen Furcht ...
Er gewann mein Herz, und ich hatte, mit acht ebenso wie heute, einen Magen unter meinem Herzen. Red ... legte mir den ersten Riegel, den ich je zu Gesicht bekam, unter die Bank ... es war ein ungeschlachter Klumpen sehr guter Schokolade mit Fondant und einer eingelegten Kirsche in der Mitte ... Für mich war es nicht nur die extremste Äußerung männlicher Ergebenheit, sondern auch ein pures kulinarisches Vergnügen ... Mein Herz war voll. Ich wußte zumindest, daß ich Red liebte. Ich war eins mit ihm, um eine vertraute Phrase zu verwenden. Wir gehörten einander, ein Junge und ein Mädchen, die etwas von kulinarischer Lust verstanden.«

Von der Liebe Enttäuschte stopfen oft Unmengen von Schokolade in sich hinein.

Mary Francis Kennedy Fischer brachte 1984, im Alter von 75 Jahren, immer noch Schokolade mit Liebe in Verbindung. Einem Journalisten erzählte sie, wie ihre Mutter Jahrzehnte früher, jung und voll Liebeskummer, von einem Arzt angewiesen worden war, Schokolade zu essen, um ihre Sehnsucht zu stillen. Dieser Arzt war schon damals auf der richtigen Spur. In den achtziger Jahren erhielt seine scheinbar merkwürdige Verschreibung Unterstützung durch die Wissenschaft.
Phenyläthylamin, abgekürzt PEA, ist eine chemische Verbindung, die man besonders bei glücklichen Menschen findet. Der PEA-Spiegel steigt bei einem Lotteriegewinn, bei beruflichem Erfolg oder wenn man verliebt ist rapide an. Man wird optimistisch, gesellig und temperamentvoll. Aber wenn schlechte Dinge passieren oder das Liebesleben schiefläuft – besonders im letzten Falle – fühlt man sich abgestumpft und deprimiert, denn der PEA-Wert ist niedrig.
Nun, die Wissenschaftler haben herausgefunden, daß unter allen Nahrungsmitteln Schokolade bemerkenswert viel PEA aufweist. Sie haben ebenso beobachtet, daß Menschen, die in der Liebe enttäuscht worden sind, dazu tendieren, eine Menge Schokolade zu verspeisen. Der ganze Zusammenhang von Liebe und PEA wird noch studiert, ist noch spekulativ, aber die Wissenschaftler stellen Fragen wie: Essen die von der Liebe Enttäuschten Schokolade, weil sie instinktiv versuchen, das PEA zurückzugewinnen, das sie

mit dem oder der Geliebten verloren haben? Erhöht Verliebtsein den PEA-Pegel? Oder umgekehrt, stimuliert ein hoher PEA-Pegel die Möglichkeit, sich zu verlieben? Und falls das zweite wahr ist, wirkt sich das PEA solchermaßen aus, daß jeder Schokoriegel ein Universalschlüssel zur Romanze ist? Wenn sich das als wahr herausstellt, wird die Wissenschaft den alten Glauben an die Schokolade als Liebesmittel verstärken – von Montezuma, der aus einem goldenen Kelch Schokolade trank, ehe er seinen Harem betrat bis zu Jean Harlow, die an Pralinen knabberte,

Immaterielle Eigenschaften werden der Schokolade seit Jahrhunderten zugeschrieben.

während sie auf ihren Geliebten wartete. Um die Wahrheit zu ermitteln, ist ein Forscherteam unermüdlich an der Arbeit.
Bei der Beobachtung von Versuchstieren haben Wissenschaftler

festgestellt, daß gewisse Zellen des Zwischenhirns Lustimpulse aussenden, wenn eine Substanz entweder süß oder fett ist. Sie drehen förmlich durch vor Freude, wenn die Substanz sowohl süß als auch fett ist, wofür Schokolade wohl das geeignetste Beispiel bildet. In anderen Worten: Was wir für Wonne halten, ist bloß Physiologie.

Mag alles so sein. Aber immaterielle Eigenschaften sind der Schokolade zugeschrieben worden, seit die Völker Zentralamerikas vor Jahrhunderten ihr bitteres Gebräu mit göttlichen Attributen ausgestattet haben. Die Europäer hielten wenig später die Schokolade für ein nahezu magisches Elixier für Gesundheit und Wohlbefinden.

Schokolade ist nicht nur in Amerika eine überaus verbreitete Leidenschaft.

Die meisten bevorzugen heutzutage eine köstliche, dem Gaumen schmeichelnde Schokolade, scheinen der Kitzel der Geschmackspapillen und ein glücklicher Hypothalamus doch allzu mechanistische Erklärungen für die kultgleiche Hingabe, die so viele zeigen, zu sein. Da gibt es eigene Zeitschriften mit Titeln wie *Chocolate News* und *Chocolatier*, und die vergangenen Jahre haben Rituale hervorgebracht, die unterschiedliche Bezeichnungen tragen: Schokoladefestival, Schokoladereise, Schokolade-Freak-out ... die Namen sprechen für sich.

Schokolade ist eine so weit verbreitete Leidenschaft geworden, daß sogar spezielle Schokolade-Veranstaltungen stattfinden. Nehmen wir an, ein Hotel will in der Nebensaison seine leeren Räume füllen. Es organisiert ein Schokoladefestwochenende mit einem Pauschalpreis für Zimmer, Pool und Festival, wie es das berühmte Fontainbleau Hilton in Miami Beach im September 1984 gemacht hat.

Die Menüs im Hotelrestaurant wurden für diesen Zweck mit extravaganten Schokodesserts besonders effektvoll gestaltet, die Getränkekarten der Bars mit geheimnisvollen Drinks auf Schokolikörbasis. Das Festival fand im riesigen Grand Ballroom statt. Fünfhundert Firmen waren eingeladen worden, die Messekojen zu beschicken, dreißig taten es.

Der Autor eines Schokoladekochbuchs wurde angeheuert, um Rezepte vorzustellen. Mit Schokoladesirup als künstlerischem Medium konnten abstrakte Gemälde zu Papier gebracht werden – die schokoladebeschmierten Künstler waren drei Jahre alt. Den Erwachsenen stellte ein Schokoladeberater die entscheidende Frage: »Wie oft haben Sie ein intensives Verlangen nach Schokolade?«

Die Multiple-Choice-Antworten reichten von »Alle fünf Minuten« bis zu »Einmal am Tag«; die Antwort »Nein« war nicht vorgesehen. Wer sich an der Umfrage beteiligte, durfte sich dafür

aus Regalen voller Schokolade aller Arten und Sorten bedienen – Pralinen, Cookies, Kuchen, Brownies, Eiscreme und vieles mehr. Es gab einen Wettbewerb um das beste Rezept in den vier Kategorien Schokoladekeks, Eiscreme, Trüffel und Mousse – und einen Wettbewerb für den Champion der Eisesser, dessen Preis ein Hershey-Zehnpfünder war.
Die *pièce de résistance* war ein »Tunktank«, ein Bottich gefüllt mit fast 1.500 Litern Schokoladesirup. Etwas mehr als einen Meter darüber war eine Klappbank angebracht, auf der abwechselnd

berühmte Persönlichkeiten saßen. Die Festivalbesucher zahlten drei Dollar für drei Würfe mit Softbällen, mittels derer man die ausgesuchten Lokalpolitiker, Diskjockeys und Stars der TV-Serie *Miami Vice* in den Tank kippen konnte. Diese schwammen dann in Schokolade, das Geld ging an eine Kinderklinik in Miami.
Das Fontainebleau Hotel hatte auf 2.000 Gäste gehofft. Es kamen 5.000, die vor dem Grand Ballroom jeden Tag Schlange standen, bis die Türen um halb elf aufgingen. Das Management lernte an

diesem Wochenende, was Milton Hershey lang vorher schon begriffen hatte – daß Schokolade ein großes Geschäft ist – und sie annoncierten gleich ein zweites Festival im September.

Der große Preis im Fontainebleau-Hilton-Rezeptwettbewerb war ein Wochenende für zwei Personen bei Hersheys drittem jährlichem Great American Chocolate Festival, das natürlich in Hershey, Pennsylvania, stattfand. Es ist das traditionsreichste aller Schokoladefestivals, ein fünf Tage dauerndes Spektakel, das mehr oder minder die üblichen Veranstaltungen plus eine Tour durch Hersheys Testküchen, die nach Schokolade duftende Stadt selbst, und natürlich durch Chocolate World, die Simulation vom Kakaoanbau und der Ernte bis zum Verarbeitungszyklus, beinhaltet. Die Besucher wohnen im Hotel Hershey, das Festival und drei Mahlzeiten, zu denen ein Frühstück mit Schokowaffeln und -pfannkuchen gehört, sind im Preis inbegriffen.

Auch in europäischen Ländern – etwa in Belgien oder in der Schweiz – gibt es spezielle Schoko-Veranstaltungen.

Man erwartet sich natürlich ein Schokoladefestival in Hershey – aber in Boston? Die Stadt, die auch als Beantown, also Bohnenstadt, bekannt ist, wendet sich aber mit Chocolate Walking Tours dem Kakao zu. Die Teilnehmer zahlen fünfundzwanzig Dollar für eine Stunde mit einem Einkaufssack und dem Recht, ihn zu füllen – wobei sie vorher an den Verkaufsständen in der ganzen Stadt probieren dürfen. Dazu bekommen sie auch einige Tips zum Thema Schokolade mit auf den Weg.

Weitere Festivals gibt es in Buffalo, California, Chicago, Kansas City, New Orleans, New York, Seattle und auf einem Kreuzfahrtschiff nach Alaska, das »sieben Tage und Nächte puren Schokoladevergnügens« mit dem Ausblick auf die »spektakuläre Küste der Glacier Bay« verbindet. Von einem französischen Festival ist bislang nicht die Rede, aber eine Gruppe von schicken Chocooliques – man hat das Wort gallisiert, weil es passend und verpflichtend erschien – hat in Paris einen »Club der Schokoladeesser« gegründet.

Wenn einem ein Schokoladewochenende zu lang und üppig vorkommen sollte, stelle man sich einmal die internationalen Touren vor, die von einer bis drei Wochen dauern. Neben der Kreuzfahrt nach Alaska gibt es die Schokoladeliebhabertour durch die Schweiz und eine in Belgien, die die Interessenten in so heilige Hallen wie die von Suchard und Lindt, Neuhaus und Corné Toison d'Or führt, um zu beobachten und zu probieren. Andere sind durch Skandinavien gezogen: »Auf der Suche nach dem Schokolade-Elch«; möglicherweise waren sie ihm zu dicht auf der Spur, um den Namen nicht stupid zu finden.

Israel, das für diese besondere Art von Pilgerschaft bis dahin noch kein Interesse gezeigt hatte, begrüßte vor einigen Jahren

Touristen zu einem einwöchigen First International Chocolate Festival in Jerusalem. Die Highlights waren die Besuche in einheimischen Schokoladefabriken - zum Beispiel Elite, die in die USA exportiert, und Carmit, die zu einem Kibbuz gehört -, Rezeptwettbewerbe, Ausstellungen und ein Wettbewerb unter israelischen Schokolade-Formern.
Was uns zu einem anderen Kapitel der herrschenden Schokomanie bringt. Daß Menschen damit glücklich sind, Tage, ja sogar Wochen damit zu verbringen und viele Meilen reisen, um Schokolade zu sehen, an sie zu denken, sie zu essen und zu riechen, kann man einigermaßen nachvollziehen. Sie schmeckt so gut und riecht so verlockend. Aber wir beginnen doch zu vermuten, daß da mehr dahinter sein muß - etwas Kultisches vielleicht -, wenn Schokolade als plastisches Material betrachtet wird, aus dem man Figuren wie die Freiheitsstatue oder den Modedesigner Calvin Klein formt.

Von einigen Künstlern wird Schokolade sogar als plastisches Material verwendet, um verschiedene Kunstgegenstände herzustellen.

Miss Liberty wurde von einem Schokolademacher in Barcelona nachgebaut, der Stadt, in der Kolumbus dem Herrscherpaar Ferdinand und Isabella zum ersten Mal berichtete, daß er Amerika entdeckt hatte - aber nicht, daß er die Kakaobohne verschmähte. Mr. Klein wurde von einem australischen Psychiater reproduziert, der sogenannte »Schokoladefotos« macht.
Weitere Bildnisse - entweder aus einem Block geschnitzt oder aus flüssiger Schokolade gemacht, die in eine Form gegossen wird - stellten Zeichentrickfiguren, das Gebäude des Obersten Gerichtshofs, den Palast von Versailles, ein russisches Schloß, einen Silberdollar, Schischuhe, Tennisschläger, Tennisbälle, Golfbälle und Schachsets dar. Natürlich geht es auch umgekehrt. Man läßt verschiedene Dinge so aussehen, daß der Eindruck entsteht, sie wären aus Schokolade. Küchenmagnete sehen aus wie Pralinen oder Milk Duds. Ein schokofarbenes, nach Schokolade duftendes Frisbee trägt das Hershey-Bar-Logo, und andere Hershey-Riegel sind tatsächlich Lineale, Schreibblocks oder Schulmäppchen für Kinder. Radiergummis sehen aus wie *Mr. Goodbar* oder Reese's Pralinen aus Schokolade und Erdnußbutter.
Schachteln für verschiedene Inhalte haben das Äußere vertrauter Schokoriegel oder übergroßer Pralinen. Für die Gewitzteren unter den Kultanhängern gibt es imitierte Schokoeisbecher, Parfaits und Mousses, die in Wirklichkeit Kerzen sind, bei deren Schein man dinieren kann. Und wenn durch einen grausamen Schicksalsschlag jemand keine Schokolade essen darf - oder nicht so viel, wie er gerne möchte -, kann er sie inhalieren. Ein Aerosol-Spray reichert die Luft mit der Essenz der Kakaobohne und die Seele mit Behagen an. Auf ähnliche Art kann jemand, dessen

Diät ihm sogar ein einziges Stückchen Schokolade streng verbietet, Kaffeebohnen oder Teeblätter aufbrühen, die in ein »Schokoladeöl« getaucht wurden, und so in kalorienarmer Sündlosigkeit zu seinem Vergnügen kommen.

Das Auge ißt mit

Schokolade braucht natürlich ein entsprechendes Outfit.

VORLÄUFER DES GEGENWÄRTIGEN ÜBERANGEBOTS an Dingen, die wie Schokolade aussehen – oder riechen –, sind die traditionellen Artefakte: Weihnachtsmänner und Osterhasen, Hühner und natürlich Ostereier. Cadbury macht in England seit über hundert Jahren Ostereier aus Schokolade und verkauft jetzt pro Saison fünfzehn Millionen in alle Welt. Aber die einfache englische, in Folie gewickelte Produktlinie verblaßt neben den italienischen Meisterstücken – dabei handelt es sich um individuelle Kunstwerke und nicht um Massenware.

Sie sind prächtig von Hand dekoriert, können über einen halben Meter hoch sein und sind dementsprechend teuer. Hohle Eier aus bittersüßer Schokolade sind beispielsweise verziert mit Milchschokoladebordüren und Maßwerk rund um ein zentrales Motiv aus rosafarbenen, weißen und hellgrünen Blumen, die aus gefärbter Zuckerpaste bestehen. Die Italiener bestellen solche Eier oft mit besonderen Überraschungen wie Juwelen als Inhalt, als Ostergeschenke mit doppelter Wirkung. Kinder bekommen Eier mit Spielzeug darin. Auf dem Rodeo Drive, der Einkaufsstraße für besonders Genußsüchtige in Beverly Hills, gab es zu Ostern einmal 4.000 Eier von der Pernigotti Gesellschaft zu kaufen – achtzig Dollar das Stück und kein Geschenk darin.

Perugina, Italiens international bekanntester Name im Schokogeschäft, produziert auch Imitationen jener Juweleneier, die Peter Carl Fabergé am Ende des 19. Jahrhunderts für den russischen Zaren Alexander III. herstellte. Die kleinen massiven Schokoladeeier von Peyrano haben nicht so viel visuelles Brio, aber ihre eigene Art von Distinktion; die neun verschieden gefärbten Folien hüllen neun verschiedene Schokoladegeschmäcker ein.

Am berühmtesten von allen ist die Firma De Coster aus Turin, die jedes Jahr zu Ostern ein Einhundert-Kilo-Ei aus Schokolade produziert, das teilweise offen ist, damit man das Tableau aus gesponnenem Zucker in seinem Inneren sehen kann; man paradiert damit durch die Straßen und stellt es den Frühling über ins Schaufenster, um damit zu beweisen, daß die Überlegenheit

italienischer Chocolatiers des 17. Jahrhunderts noch nicht endgültig der Vergangenheit angehört.
Schokolade braucht nicht extravagant zu sein, um zu beeindrucken. Der Fernsehsender NBC fand es vor einigen Jahren an Weihnachten eine gute Idee, Superstars wie Johnny Carson oder David Letterman nicht die obligatorische Flasche Champagner oder ein Set vergoldeter Golfschläger, sondern einen Korb von Hershey's *Kisses* zu schicken - von einem kleinen Kissen mit der Aufschrift *NBC loves chocolate ... and YOU!* gekrönt.

Schokolade findet auch dort Zutritt, wo er anderen Speisen versagt ist.

Schokolade findet auch dort Zutritt, wo er anderen Speisen versagt ist. Nehmen wir zum Beispiel die Park Avenue, jenen Boulevard in Manhattan. Hier ziehen sich die aristokratischen Apartmenthäuser reicher New Yorker über mehr als eine Meile wie eine Phalanx hin. Ein gewöhnliches Geschäft zum Einkaufen wirkt hier schlichtweg deklassierend. Ein paar Jahre lang gab es einen Blumenladen an einer Ecke, aber die Nachbarn regten sich darüber nicht auf, weil Blumen ja dekorativ sind. Möglicherweise schätzten auch ein paar das lukrative Nebengeschäft des Ladens, einen diskreten Heroinhandel.
Dieser Zweig wurde trotz aller Diskretion entdeckt, der nette kleine Laden von den Behörden geschlossen und die Räume von einem neuen Geschäftsmann gemietet - einem unternehmungslustigen koreanischen Einwanderer, der dachte, ein Rund-um-die-Uhr-Delikatessenladen sei etwas, das in der Nachbarschaft gut ankommen würde. Die Nachbarn waren nicht dieser Ansicht. »Etwas läuft schief mit dem Universum«, sagte ein Anlieger, als er die Renovierung des Ladens beobachtete. »Jemand muß die Götter beleidigt haben.« Andere formten gleich eine Protestbewegung gegen den »unangebrachten« Laden. Ihre Frage hieß: »Wollen Leute, die in der Park Avenue wohnen, eine Aussicht auf Gemüse haben?« Sie beantworteten sie gleich selbst: »Ganz sicher nicht.«
Der koreanische Unternehmer sah sich in den topmodischen Lebensmittelgeschäften der City um, welche Waren möglicherweise dafür geeignet sein mochten, seine Kunden für sich zu gewinnen. Er fragte auch eine potentielle Kundin telefonisch nach ihrer Meinung, und sie sagte: »Wir wollen überhaupt kein Lebensmittelgeschäft. Blumen können toleriert werden. Oder Schokolade. Ja, Schweizer oder belgische Schokolade.«
Da ging dem Ladenbesitzer ein Licht auf. Als er das Lokal eröffnete, standen De-luxe-Geschenkkörbe in den Schaufenstern. Im Geschäft gab es ein paar Gemüsesorten - elegante wie französischen Spargel oder belgische Endivien -, außerdem Blumen, Kaviar, Pasteten und Käse aus Frankreich - und Schokolade, Un-

mengen von Schokolade. Ein Viertel des Schaufensters war einer Auswahl importierer Schokolademarken vorbehalten. Sie waren das erste, was ein Kunde sah, wenn er den Laden betrat.
Was ist gute Schokolade? Chocosuisse, die Handelsvereinigung der Schweizer Schokoladefirmen, sagt, sie sollte einen »seidigen, fleckenlosen Glanz« haben. Wenn man von einem hochwertigen Riegel ein Stück abbricht, ist »der Bruch hart, knackend, die Bruchkanten sind sauber, die Bruchflächen bröckeln nicht ab. Auch mit der Nase läßt sich eine Qualitätsschokolade erkennen:

Eine köstliche Schokotrüffel ist für Connaisseurs wie Samt und Seide für die Zunge.

Ihr Duft ist - wie bei einem großen Wein - voll und rund, jedoch nie aufdringlich. Nimmt man schließlich ein Stückchen in den Mund, merkt man es noch deutlicher: Die gute Schokolade schmilzt butterweich, klebt weder pappig am Gaumen noch fühlt sie sich auf der Zunge sandig an oder läßt gar einen Nachgeschmack zurück. Ihr Geschmack ist fein, zart, vollendet - einzigartig.«
»Reif« ist schlecht in Verbindung mit Schokolade. Ein Fettreif kann auftreten, wenn Schokolade Wärme ausgesetzt wird, so daß sie ein bißchen schmilzt und anschließend neuerlich härtet. Dabei bildet sich ein weißer Film - der Reif - auf der Schokolade. Reif sieht schlecht aus, weil er den typischen Glanz der Schokolade zerstört, beeinträchtigt aber weder den Geschmack noch die Qualität. Aber nachdem gutes Aussehen gutem Essen sehr zuträglich ist, ist es vernünftig, Reif zu vermeiden, indem man Schokolade vor Hitze oder Sonneneinstrahlung schützt.

Experten empfehlen einen kühlen, trockenen Platz, fern von jeder Feuchtigkeit, weshalb Chocosuisse der Meinung ist, daß der Kühlschrank der Schokolade eher schadet als nützt. Wenn man Schokolade in den Kühlschrank geben muß, sollte sie originalverpackt sein oder dicht in Plastik eingewickelt, um sie gegen den Geruch anderer Speisen zu schützen.

Dasselbe gilt für die Tiefkühlung. Schokolade läßt sich gut einfrieren, aber normalerweise ist dies nicht notwendig. Da Kakaobutter nicht ranzig wird, wie es andere Fette tun, bleibt Schokolade tadellos - mindestens ein Jahr lang die dunkle, ein halbes Jahr oder mehr die Milchschokolade. Bei Füllung mit Sahne, Früchten oder Nüssen oder bei Pralinen mit frischer Sahne oder Butter scheint es vernünftig, das Produkt so frisch wie möglich zu essen. Warum auch sollte man eine Ware einlagern, deren Geschmack von ihrer Frische abhängt?

Die meisten Länder regeln die Zusammensetzung von Schokolade gesetzlich.

Die meisten Länder regeln die Zusammensetzung von Schokoladesorten gesetzlich, in Deutschland etwa die Kakao-Verordnung vom 30. Juli 1975. Danach sind zum Beispiel grundsätzlich zwei Mischungen für Schokolade möglich: entweder mindestens 40 Prozent Kakaomasse und 60 Prozent Zucker oder mindestens 33 Prozent Kakaomasse, 21 Prozent Kakaobutter und 46 Prozent Zucker.

In der Schweiz müssen die dunklen Sorten traditionellerweise mindestens 35 Prozent Schokolademasse enthalten und nicht mehr als 65 Prozent Zucker; das ist dann »einfache« oder »süße« dunkle Schokolade. Bei der Bittersüßen beginnt das mögliche Verhältnis bei 50 : 50 - dies entspricht übrigens auch der in Deutschland angebotenen Schmelzschokolade oder Kuvertüre. Milchschokolade muß mindestens 25 Prozent Schokolademasse und 14 Prozent Milch enthalten. Der Zuckergehalt darf nicht mehr als 55 Prozent betragen.

In den USA kann Milchschokolade mit so wenig wie zehn oder 15 Prozent Schokolademasse erzeugt werden; *semisweet* ist dasselbe wie »süß« in der Schweiz. Der Fettgehalt, der auf der Verpackung mit *real* oder *genuine* angegeben ist, muß zur Gänze auf Kakaobutter basieren. Vollständige oder auch nur teilweise Substitution durch andere Pflanzenfette, die billiger sind, führen zur Bezeichnung »Mischschokolade« (compound chocolate). »Künstliche Schokolade« (artificial chocolate) ist ein Potpourri von Chemikalien, das angeblich wie Schokolade schmeckt, aber keine Kakaobohne ist jemals mit dieser Substanz in Berührung gekommen. Produkte mit »Schokoladearoma« können einen Bestandteil aus Schokolade oder Kakao enthalten, aber nicht genug, um den minimalen Gesetzesanforderungen zu genügen. In versch-

verschiedenen Ländern wie in England, Österreich und – wie bereits erwähnt wurde – neuerdings auch der Schweiz kann Schokolade neben der Kakaobutter auch fünf Prozent eines anderen Fettes enthalten und genügt immer noch den Vorschriften.

Die Ingredienzenliste für pure Schokolade ist kurz, aber die Tabelle dessen, was man daraus machen kann, dementsprechend lang: Cookies, Brownies, Kuchen, Torten. *Chocolate egg cream* enthält weder Eier noch Sahne, aber Schokolade in Sirupform und

Der Geschmack guter Schokolade ist fein, zart, vollendet – einzigartig.

Selterswasser sowie Milch. *Schokolademousse* enthält sowohl Eier als auch Sahne; *Ganache* ist eine Art leichterer Mousse aus Schokolade und Sahne und wird meist als Kuchenfüllung verwendet. *Trüffel* sind aus Schokolade, Sahne und einem Schuß Champagner oder Likör hergestellt, um wirklich samtig-cremige Stückchen zu erhalten. *Chocolate fudge* erklären die Franzosen mit »sehr harte Ganache«. Pralinen umschließen mit einem Schokolademantel verschiedenste Füllungen von pürierten Kastanien bis zu *Grand Marnier*.

Nicht vergessen werden dürfen natürlich *Schokoladesoufflé* sowie *Schokoladepudding*; und natürlich *Schokoladeeis*, das oft mit Kakaopulver zubereitet wird. Unter dem Markennamen Très Chocolat sollen acht »intensive« Sorten angeboten werden, die alle mit richtiger Schokolade gemacht werden.

Und das beste von allem ist die Schokoladetafel selbst. Milchschokolade oder bittersüß, pur oder gemischt mit feingemahlenen Haselnüssen - in welchem Fall sie *Gianduja* heißt -, aromatisiert mit Orange, Kaffee oder Likör.

Was auch immer man wählt, gute Schokolade macht gute Nachbarn. Und gute Laune, gute Zeiten, und ein Gefühl von Vergnügen an der Welt. Schokolade mag nicht der Stoff des Lebens schlechthin sein, aber es ist sicher eine der notwendigen Unterstützungen.

Epilog

Man muß nicht hungrig sein, um sich nach Schokolade zu sehnen.

WIR BELOHNEN UNS MIT SCHOKOLADE an guten Tagen und trösten uns mit ihr an schlechten, oder wir genießen sie einfach so, wegen ihres einzigartigen Geschmacks. Die Köstlichkeit des Aromas, der Reichtum der Konsistenz passen sich an jede Wendung unserer Launen an. Um zu werben, zu schmeicheln oder zu gratulieren, wir verwenden fast immer Schokolade. Geburtstage sind glücklicher, Beamte werden freundlicher und Job-Aufsteiger jubilieren lauter, wenn eine Gabe von Schokolade die Gelegenheit feiert. Und was wären der Valentinstag oder der Muttertag ohne Schokolade?

Man muß nicht hungrig sein, um sich nach Schokolade zu sehnen. Ein gutes Mahl kann als Abschlußnote Schokolade auf der Zunge fordern, ihre delikate Resonanz am Gaumen. Aber wenn man wirklich hungrig ist, wird ein kleines Stückchen in seiner ganzen Köstlichkeit den Hunger befriedigen und einem Freude machen, während man auf etwas Nahrhafteres wartet. Weil sie so unglaublich gut schmeckt, ist Schokolade das pure Vergnügen. Um es mit den Worten Brillat-Savarins zu sagen: Sie schmeckt uns am Mittag, erfreut uns nachmittags und bezaubert uns nach dem Abendessen.

Wenn Sie das nächste Mal ein duftendes, glänzendes Stückchen in die Hand nehmen und mit einem kleinen Seufzer der Vorfreude zu den Lippen führen – halten Sie einen Moment inne und murmeln sie ein Wort des Dankes an unseren unsterblichen Wohltäter Quetzalcoatl.

Süße Sünden

GANACHE BAR

Für 6-8 Personen

Für den Teig:

2 Eier, zimmerwarm
50 g feiner Kristallzucker
2 EL Speisestärke
3 EL gemahlene Mandeln
3 EL Kakao

Für die Füllung:

300 ml Sahne
115 g feiner Kristallzucker
275 g Halbbitterschokolade, in Stücke gebrochen

Den Backofen auf 220 Grad vorheizen. Den Boden einer ca. 30 cm langen quadratischen Kuchenform mit Backpapier auslegen. Eier und Zucker schaumig schlagen. Die Speisestärke, die gemahlenen Mandeln und den Kakao darüber sieben und vorsichtig mit einem Metall-Löffel unterheben. Den Teig in die vorbereitete Kuchenform geben, verstreichen und 10-12 Minuten backen, bis er elastisch ist. Anschließend auskühlen lassen. Für die Füllung einen Topf mit kaltem Wasser ausspülen, Sahne und Zucker hineingeben und zum Sieden bringen.

Den Topf von der Kochstelle nehmen, die Schokolade hinzufügen und rühren bis sie geschmolzen ist. Auskühlen und fest werden lassen. Den Kuchen umdrehen, das Papier entfernen und den Kuchen in drei gleich breite Streifen schneiden. Diese mit einer großzügigen Portion der Füllung wieder zusammenkleben, dann die Oberseite und die Seiten des Kuchens mit der Schokoladenmasse bestreichen. Die restliche Füllung in eine Spritztüte mit einer Öffnung von 1 cm Durchmesser geben und damit die Oberseite des Kuchens mit einem Ornament nach freier Wahl verzieren. Wenn die Füllung zu fest geworden ist, vorsichtig anwärmen und noch einmal umrühren, damit sie wieder weich wird. Kakaopulver und Puderzucker vermischen und über den Kuchen stäuben.

CHAMPAGNERTRÜFFEL

Für 36 Trüffel

Für die Füllung:
250 g sehr gute Halbbitterschokolade, in Stücke gebrochen

Für den Überzug:
225 g Halbbitterschokolade, in Stücke gebrochen
3 EL Puderzucker
45 ml (3 EL) Sahne
45 ml (3 EL) sehr guter Cognac

Für die Füllung die Schokolade in einer Schüssel über leicht siedendem Wasser schmelzen. Die Sahne und den Cognac dazugeben und gleichmäßig verrühren. Die Masse auf Zimmertemperatur abkühlen lassen, damit sie fest wird. (Bei warmem Wetter kurz in den Kühlschrank stellen. Achten Sie jedoch darauf, daß die Masse geschmeidig bleibt.) Ein Tablett mit Backpapier auslegen. Die Masse in eine Spritztüte mit sternförmiger Tülle mit 1 cm Durchmesser geben und lange Streifen auf das Papier spritzen. Kalt stellen, damit die Streifen fest werden. Für den Überzug die Schokolade langsam in einer Schüssel über leicht siedendem Wasser schmelzen, darauf achten, daß die Schokolade nur so warm wird, daß man den Finger noch eintauchen kann. Die Füllung in 4 cm lange Stücke schneiden und den Puderzucker auf einem großen Teller verteilen. Die Füllung bis auf wenige Stücke in den Kühlschrank zurückstellen, damit sie nicht weich wird. Die Trüffel mit einer Pralinengabel nacheinander in die geschmolzene Schokolade tauchen, dann in Puderzucker wälzen. Kühl und trocken aufbewahren.

SCHOKOLADEN-PEKANNUSS-BROWNIES

Für 9 Brownies

115 g Halbbitterschokolade, in Stücke gebrochen
115 g Butter, in Stücke geschnitten
175 g (1 Tasse) weicher hellbrauner Zucker
2 Eier, geschlagen
50 g (1/2 Tasse) Mehl
1 1/2 Teelöffel Backpulver
1 Prise Salz
50 g (1/2 Tasse) gehackte Pekannüsse

Den Backofen auf 180 Grad vorheizen. Eine ca. 23 x 23 cm große Kuchenform leicht einölen und den Boden mit Backpapier auslegen. Die Schokolade in einer Schüssel über einem Topf mit leicht siedendem Wasser schmelzen. Den Topf von der Kochstelle nehmen, Butter und Zucker hinzufügen und mit einem Holzlöffel glattrühren, dann die Eier einrühren. Das mit dem Backpulver vermischte und gesiebte Mehl sowie das Salz hinzugeben, dann die Nüsse, anschließend gut verrühren. Den Teig in die ausgelegte Kuchenform geben und 30 Minuten backen. Auskühlen lassen, dann den Kuchen in Rechtecke zerschneiden.

Exquisite Confiserien

Hier finden Sie einige der besten Adressen in Deutschland, Österreich und der Schweiz. Sollten Sie weitere Tips haben, schicken Sie diese bitte an die Verlagsadresse, die auf Seite 143 des Buches genannt ist. Wir werden sie gegebenenfalls in einer nächsten Auflage berücksichtigen.

Deutschland

Confiserie Dallmeyer
Dienerstr. 14–15
D-80231 München

Confiserie Demski
Teltower Damm 25
D-14169 Berlin

Confiserie Faustmann
Eitel-Fritz-Str. 10
D-14129 Berlin

Confiserie Kunder
Wilhelmstr. 12
D-65185 Wiesbaden

Confiserie Leysieffer
Große Bleichen 36
D-20354 Hamburg

Confiserie Leysieffer
KÖ Galerie
D-40212 Düsseldorf

Confiserie Most
Hauptstr. 6
D-69117 Heidelberg

Österreich

Confiserie Altmann & Kühne
Am Graben
A-1010 Wien

Confiserie Demel
Kohlmarkt 11 und 14
A-1010 Wien

Confiserie Haller
Herrengasse 23
A-8020 Graz

Confiserie Holzermayr
Alter Markt 7
A-5020 Salzburg

Cafe-Konditorei Oberlaa
Neuer Markt 16
A-1010 Wien

Confiserie Neuhaus
Mahlerstr. 4
A-1010 Wien

Confiserie Sacher
Philharmonikerstr. 4
A-1010 Wien

Schweiz

Confiserie All'Amaretto
Via Pancaldi Mola 31
CH-6612 Ascona

Confiserie Bosshard
Stadthauserstr. 145
CH-8401 Winterthur

Confiserie Mojonnier
Avenue de Chailly 2
CH-1012 Lausanne

Confiserie Rohr
Place du Molard 3
CH-1204 Genève

Confiserie Roggwiller
Multergasse 17
CH-9000 St. Gallen

Confiserie Sprüngli
Paradeplatz
CH-8022 Zürich

Confiserie Teuscher
Storchengasse 9
CH- 8001 Zürich

Bildnachweis

Bernd und Wolf Fotografie, Köln S. 8, 9
Museo Nacional de Historia, Mexico City S. 14
Museum of London, S. 23
Kunsthistorisches Museum, Wien *S. 29*
Gemäldegalerie Alter Meister, Dresden *S. 31*
National Galleries of Scotland, Edinburgh S. 34
Sterling and Francine Clark Art Institute, Williamstown/USA S. 35, 37
Metropolitan Museum of Art, New York, S. 41, 43
Chocosuisse, Bern/CH, S. 44/45, 52
Societé des Produits Nestlé S.A., Vevey/CH S. 48, 49, 50, 51, 53
Bensdorp, Bludenz/A S. 56
Josef Manner & Comp. AG, Wien S. 57
Franz Hubmann, Wien S. 59
Hotel Sacher, Wien S. 60, 105
Imhoff-Stollwerck Schokolademuseum, Köln S. 61, 75, 83, 111, 123
Eberhard Schuy, Köln S. 63
Guittard Chocolate Company, Burlingame/USA S. 69
Cadbury Limited, Birmingham/GB S. 76, 78, 97
Confiserie Sprüngli, Zürich S. 80, 112
Hershey Food Corporation, Hershey/USA S. 87, 89
Kraft-Jacobs-Suchard, Zürich S. 94, 118
Ch. Demel's & Söhne, Wien S. 104
Fontainebleau Hilton Hotel, Miami/USA S. 125

Die Rezepte sind aus: © Stephen Wheeler, Schokolade - Süße Träume, DuMont Buchverlag 1995.

Deuticke
A-1010 Wien, Hegelgasse 21

Umschlaggestaltung: Robert Hollinger
Umschlagfoto: Atelier Staudinger & Franke
Aus dem Amerikanischen von Kurt Bracharz
Redaktion: Kurt Bracharz; Jürgen Ehrmann
Druck: Druck- und Verlagsanstalt Gutenberg GesmbH, Wr. Neustadt
ISBN 3-216-30157-5